AF385168

F. Schrader et L. Gallouédec

Petit Atlas

DE GÉOGRAPHIE

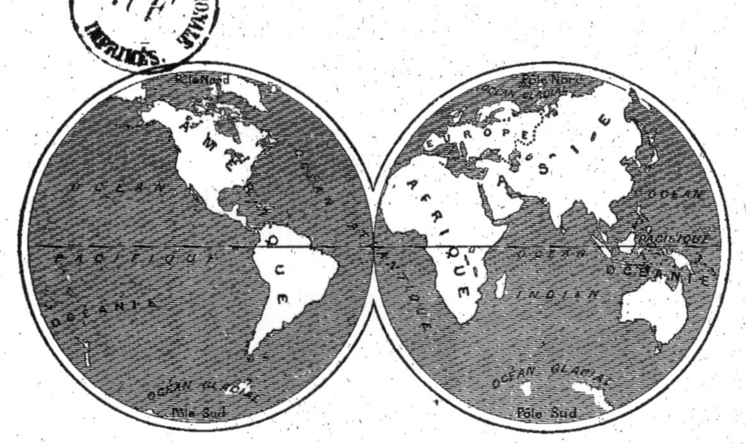

PRIX: 3.00

Paris

LIBRAIRIE HACHETTE ET Cie

79, Boulevard Saint-Germain, 79

F. SCHRADER ET L. GALLOUÉDEC

Petit Atlas

DE GÉOGRAPHIE

AVERTISSEMENT

Le présent Atlas, composé des cartes essentielles pour un enseignement élémentaire de la Géographie, est complété par notre **Petit Cours de Géographie** qui renferme lui-même 47 cartes ou figures en noir et 57 gravures.

Nous avons suivi le même ordre que dans le *Petit Cours*, soit l'ordre indiqué dans le Programme des Écoles primaires supérieures.

A LA MÊME LIBRAIRIE

Schrader et Gallouédec. — Petit Cours de Géographie. Un vol. contenant 57 gravures et 47 cartes ou figures. In-16 de 375 pages, cartonnage toile . . . . 2 fr.

ÉCLIPSE DE SOLEIL

Terre

Lune

Soleil.

CIRCONFÉRENCE

Lune · Terre

ÉCLIPSE DE LUNE

DU SOLEIL

Soleil.

NEPTUNE.
62000 K.
(DIAM.)
2 Satellites.

URANUS.
54000 K.
(DIAM.)
1 Satellite

SATURNE
119300 K.
(DIAM.)
9 Satellites.

JUPITER.
142000 K.
(DIAM.)
4 Satellites

LE SOLEIL
ET
LES HUIT GRANDES PLANÈTES.
—
DIMENSIONS COMPARÉES

Taches Solaires

D. 6770 K. MARS 2 Satell.
12755 K. LA TERRE 1 Satell.
D. 12700 K. VÉNUS
D. 4800 K. MERCURE

LUNE
3480 K.
(DIAM)

100000 k.   200000   300000

Saturne
Dist. moy. 9.54
(Terre = 1)

Neptune
Distance moy. du Soleil 30.04
(Terre = 1)

Com. de Biela

Mars
Dist. moy. 1.52

Terre

Mercure
Dist. moy. 0.39

Dist. moy. 0.72 Vénus

Com. de Encke

Comète de Halley

Jupiter
Dist. moy. 5.20 (Terre = 1)

Uranus
Dist. moy. 19.18
(Terre = 1)

Nota : La portion d'Arc renforcée
représente le chemin parcouru par
chaque Planète, pendant une révolution de Mercure.

SYSTÈME SOLAIRE.

Sens de révolution

Équinoxe de Printemps
21 Mars

Solstice d'Été

21 Juin

S.

21 Décemb.

Solstice d'Hiver

23 Sept.

Équinoxe
d'Automne

RÉVOLUTION   DE LA TERRE

N^{lle} Lune

1er Quart.

Dern. Quart.

Pl. Lune

PHASES
DE LA LUNE

PROJECTION ORTHOGRAPHIQUE

Tropique du Cancer

Équateur

Tropique du Capricorne

PROJECTION STÉRÉOGRAPHIQUE

PROJECTION CYLINDRIQUE   PROJECTION CONIQUE

V. HUOT.

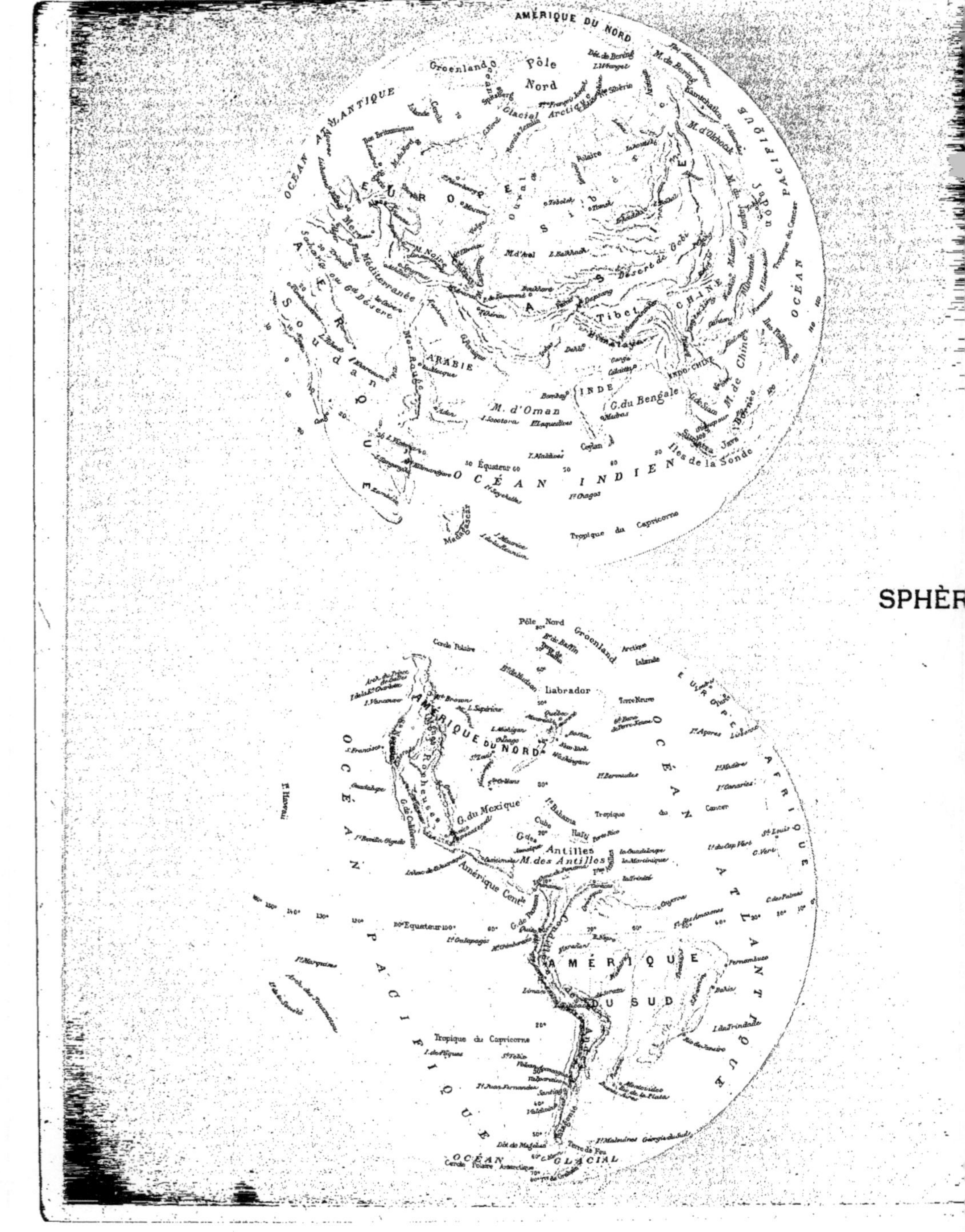

AMÉRIQUE DU NORD
Groenland
Pôle Nord
OCÉAN ATLANTIQUE
OCÉAN GLACIAL ARCTIQUE
EUROPE
ASIE
Détroit de Behring
Kamtchatka
Japon
OCÉAN PACIFIQUE
M. d'Okhotsk
M. de Chine
Sibérie
Oural
M. Noire
Méditerranée
Grand Désert
Sahara
Soudan
AFRIQUE
ARABIE
Tibet
Himalaya
CHINE
INDO-CHINE
M. d'Oman
INDE
G. du Bengale
Ceylan
Iles de la Sonde
Madagascar
I. Maurice
OCÉAN INDIEN
Équateur
Tropique du Capricorne
Tropique du Cancer

Pôle Nord
Cercle Polaire
Groenland
Islande
Labrador
Terre Neuve
AMÉRIQUE DU NORD
L. Supérieur
L. Michigan
Québec
New York
Washington
Montagnes Rocheuses
S. Francisco
G. de Californie
G. du Mexique
I. Bahama
Cuba
Haïti
Porto Rico
Antilles
M. des Antilles
la Guadeloupe
la Martinique
Amérique Cent.
OCÉAN PACIFIQUE
OCÉAN ATLANTIQUE
AFRIQUE
EUROPE
Açores
I. Canaries
I. du Cap Vert
C. Vert
Bermudes
Tropique du Cancer
I. Hawaï
I. Marquises
AMÉRIQUE DU SUD
Lima
Équateur
Galapagos
Amazone
Pernambuco
Bahia
Rio de Janeiro
I. de Trinidade
Tropique du Capricorne
Valparaiso
Santiago
I. Juan Fernandez
Montevideo
R. de la Plata
Détroit de Magellan
Terre de Feu
I. Malouines
Géorgie du Sud
OCÉAN GLACIAL
Cercle Polaire Antarctique

SPHÈR

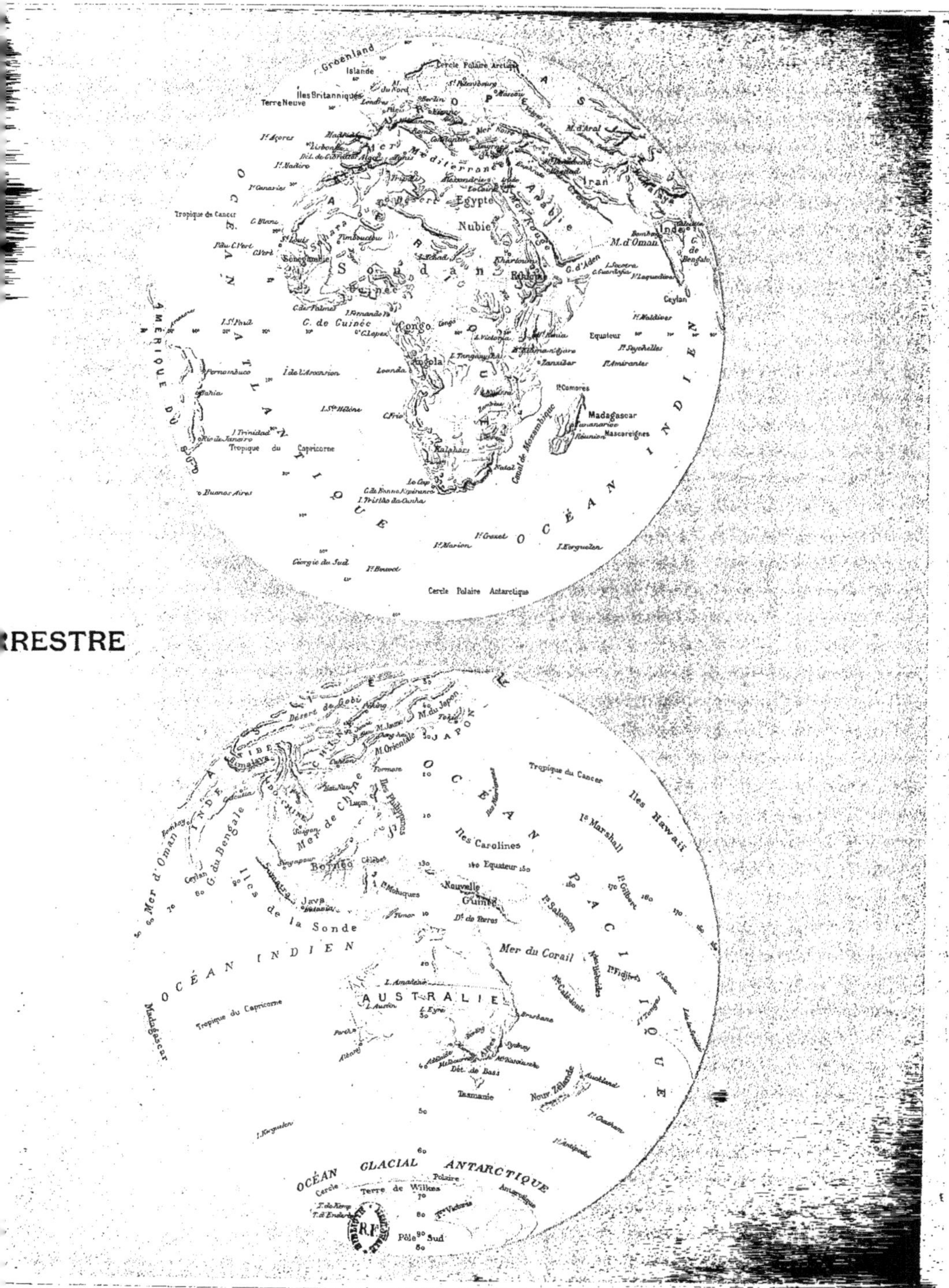
Groenland
Islande
Iles Britanniques
Terre Neuve
Cercle Polaire Arctique
St Pétersbourg
Moscou
EUROPE
Londres
Berlin
ASIE
M. d'Aral
Mer Noire
Mer Méditerranée
Iran
Inde
Açores
Lisbonne
Dét. de Gibraltar
Alger
Madère
Canaries
Tropique du Cancer
C. Blanc
Egypte
Arabie
M. d'Oman
C. de Bengale
Nubie
Bombay
St Louis
Timbouctou
Sénégambie
C. Vert
L. Tchad
Khartoum
G. d'Aden
Laccadives
Soudan
Guinée
Rahita
Socotra
C. Guardafui
Maldives
Ceylan
C. des Palmes
Fernando Po
G. de Guinée
Congo
Congo
L. Victoria
Kilima-n'djaro
Equateur
Iles Seychelles
Amirantes
Amérique du Sud
Angola
L. Tanganyika
Zanzibar
Pernambuco
I. de l'Ascension
Loanda
Iles Comores
Bahia
I. Ste Hélène
Madagascar
Tananarive
Réunion
Mascareignes
Trinidad
Rio de Janeiro
C. Frio
OCÉAN ATLANTIQUE DU SUD
Tropique du Capricorne
Kalahari
Natal
OCÉAN INDIEN
Buenos Aires
Le Cap
C. de Bonne Espérance
I. Tristão da Cunha
I. Marion
I. Crozet
I. Kerguelen
Géorgie du Sud
I. Bouvet
Cercle Polaire Antarctique

Désert de Gobi
Hoang-Ho
M. du Japon
JAPON
M. Jaune
HIMALAYA
M. Orientale
TIBET
Mer de Chine
Formose
INDE
Calcutta
INDO-CHINE
Hué
Luçon
Iles Philippines
Mer d'Oman
G. du Bengale
Ceylan
Saigon
Mandalay
Tropique du Cancer
Iles Hawaii
Iles Marshall
OCÉAN
Bombay
Singapour
Bornéo
Célèbes
Iles Carolines
Java
Batavia
Moluques
Equateur
Nouvelle Guinée
I. Salomon
Iles de la Sonde
Timor
Dét. de Torres
OCÉAN INDIEN
Mer du Corail
PACIFIQUE
I. Fidji
Madagascar
L. Amadeus
Nouvelle Calédonie
Tropique du Capricorne
AUSTRALIE
L. Eyre
Brisbane
Sydney
Dét. de Bass
Auckland
Tasmanie
Nouv. Zélande
I. Kerguelen
OCÉAN GLACIAL ANTARCTIQUE
Cercle Polaire
Terre de Wilkes
Terre Victoria
I. de Kerg.
Pôle Sud
R F

PLANISPHÈRE PHYSIQUE — PLANISPHÈRE POLITIQUE

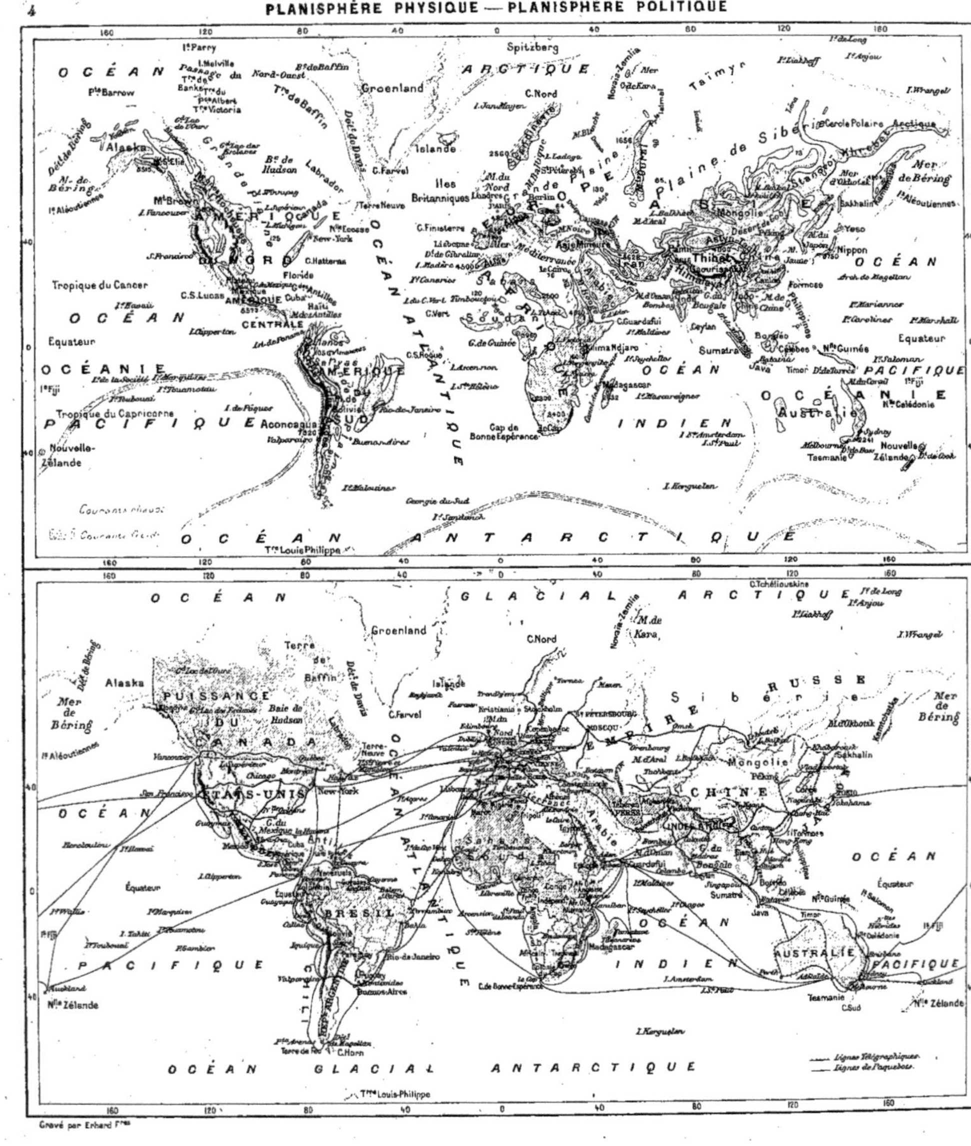

Gravé par Erhard Frères

Gravé par Erhard Frères

6
Pôle Nord
ASIE
SIBÉRIE
M.de BÉRING
I.St. D.de Béring
OCÉAN GLACIAL ARCTIQUE
ALASKA
Pte Barrow
I.St Parry
I. Melville
Passage du Nord-Ouest
Terre de Banks Pte St Albert
Détroit de Groënland
GROËNLAND
Détroit Polaire Arctique
Faërœr
ÎLES BRITANNIQUES
ISLANDE
Baie de Baffin
Dt de Davis
TERRE DE BAFFIN
Île Victoria Pte du R. Guillaume
Gd Lac de l'Ours
I. Southampton Dt de Hudson
C. Farewell
I. Kadiak
I. Tchitchagof
I. Baranof
Archl du Pr. de Galles
Reine Charlotte
I. de la Rne
Gd Lac des Esclaves
Athabasca
L. de la Biche
Baie de Hudson
PRESQU'ÎLE DU LABRADOR
TERRE NEUVE
Dt de Belle-Isle
I. Vancouver
Victoria
Nelson
Bo James
East Main
MONTAGNES ROCHEUSES
L. Winnipeg
L. Manitoba
Gd Coteau du Missouri
Albany
L. St Mississipi
CANADA
Québec
Gf St Laurent
I. du Pce Édouard
Ld du Cap Breton
Nlle Écosse
Gd Banc de Terre Neuve
OCÉAN ATLANTIQUE
L. Supérieur
Montréal
B. de Fundy
S. Francisco
Sierra Nevada
Mt Whitney
Pic Blue
Colorado
Plateau du Utah
Missouri
L. Huron
L. Michigan
Chicago
L. Érié
Ohio
Londres
C. Cod
New-York
Long Island
Washington
Bte Delaware
Bte Chesapeake
C. Hatteras
OCÉAN PACIFIQUE
I.Sta Rosa
Mt Blanca
St Louis
Missouri
Monts Alleghanys
Great Dome
Îles Bermudes
Colorado
Rio Grande
M. Ozark
R. Rouge du S.
Mississippi
Nouv. Orléans
Gulf Stream
Tropique du Cancer
Tropique du Cancer
Plateau du Mexique
C.S. Lucas
C. Corrientes
Is Revilla Gigedo
Golfe de Californie
Pte de la Floride
Bouches du Mississippi
Is Bahama
GOLFE DU MEXIQUE
C. Sable
Cl de la Floride
la Havane
CUBA
GRANDE
C. de Yucatan
C. Catoche
I. de Pinos
St Domingue
HAÏTI
St Martin Porto-Rico
ANTILLES
Jamaïque
Îles du Vent
Guadeloupe
Martinique
Dominique
St Vincent
Anahuac
Orizaba
Yucatan
G. de Campêche
G. de Honduras
MER DES ANTILLES
Pte Gallinas
Curaçao
Petites Antilles
Îles sous le Vent
Grenade
Trinité
I. Clipperton
G. de Tehuantepec
I.de Popocatepetl
G. de Fonseca
L. de Managua
I.de Nicaragua
L. de Nicaragua
C. Dulce
AMÉRIQUE CENTRALE
Isthme de Panama
C. de Darien
R. de l'Orénoque
Orénoque
AMÉRIQUE DU SUD
Échelle 1:40.000.000e
500   0   500   1000 Kil.
Gravé par Erhard Frès
R. Bolzé del.

Pôle Nord
ASIE
M. DE BÉRING
OCÉAN GLACIAL ARCTIQUE
Alaska
Monts d'Alaska
Archi du pce de Galles
I. de la Reine Charlotte
I. Vancouver
S. Francisco
OCÉAN PACIFIQUE
Tropique du Cancer
C. St Lucas
Golfe de Californie
H. Revilla Gigedo
I. Clipperton (F.)
Nevada
Colorado
MEXIQUE
MÉXICO
Acapulco
Isthme de Tehuantepec
G. de Campêche
Yucatan
Vera Cruz
TERRE DE L'ESQUIMAU DU NORD-OUEST
Passage du Nord-Ouest
Terre de Banks
Pte Barrow
I. du Pce Patrick
I. Melville
Mt Parry
Mt Devon
Île Southampton
Dt de Hudson
Baie de Baffin
TERRE DE BAFFIN
Dt de Davis
GROENLAND
Cercle Polaire Arctique
Baie de Hudson
Gd Lac de l'Ours
Gd Lac des Esclaves
L. Athabasca
Churchill
PUISSANCE DU CANADA
L. Winnipeg
Manitoba
Ontario
Québec
LABRADOR
TERRE NEUVE
St Jean
St Laurent
Nouvelle Écosse
Halifax
Boston
New York
Philadelphie
Baltimore
WASHINGTON
Richmond
C. Hattéras
Charleston
Savannah
ÉTATS-UNIS
Chicago
Omaha
Denver
Topeka
St Louis
Cincinnati
Louisville
Nashville
Memphis
Ohio
Mississippi
Territe Indien
Texas
Louisiane
Nouv. Orléans
Galveston
Floride
Mobile
Duluth
L. Supérieur
L. Michigan
Détroit
Toledo
OTTAWA
Toronto
Milwaukee
Northern Pacific
Canadian Pacific
Missouri
Mt William
Winnipeg
Sault Ste Marie
GOLFE DU MEXIQUE
la Havane
Cuba
Santiago
GRANDES ANTILLES
HAÏTI
St DOMINGUE
Porto-Rico (E.U.)
Jamaïque (A)
Kingston
Pt-au-Prince
Iles Bahama (A)
Iles Bermudes
MER DES ANTILLES
Petites Antilles
Guadeloupe (F)
Dominique (F)
Martinique (F)
Ste Lucie (A)
Grenade (A)
AMÉRIQUE CENTRALE
GUATEMALA
SALVADOR
HONDURAS
NICARAGUA
MANAGUA
L. de Nicaragua
COSTA RICA
Isthme de Panama
VENEZUELA
BOGOTA
COLOMBIE
AMÉRIQUE DU SUD
BRÉSIL
Valparaiso
OCÉAN ATLANTIQUE
ILES BRITANNIQUES
Liverpool
le Havre
St Nazaire, le Havre et Bordeaux
Marseille, Bordeaux
St Nazaire
Yokohama
Principaux Chemins de fer
Lignes de Paquebots français
Lignes de Paquebots étrangers
Échelle de 1:40.000.000e
500   0   500   1000 Kil.
Gravé par Mme Perrin.
Ch. Bonnesseur del.

8

Échelle 1:40.000.000ᵉ

500   0   500   1000 Kil.

MER DES ANTILLES

GRANDES ANTILLES

Petites Antilles

Iles sous le Vent

AMÉRIQUE CENTRALE

Yucatan

C. Catoche

Golfe d'Inagua

CUBA

HAITI

Porto-Rico

Iles du Cap Vert

Jamaïque

Guadeloupe

Martinique

Barbade

Curaçao

Grenade

Tobago

Trinité

G. de Honduras

L. de Managua

L. de Nicaragua

G. des Mosquitos

Ist. de Panama

G. de Panama

I. Coïba

I. Cocos

I. Malpelo

I. Galapagos

OCÉAN ATLANTIQUE

OCÉAN PACIFIQUE

Delta de l'Orénoque

C. Orange

B. de Stᵃ Rosa

Équateur

I. St Paul

I. Marajo

B. de S. Marcos

C. S. Roque

S. Francisco

Bᵉ de Tous les Saints

I. Trinidad

Tropique du Capricorne

LLANOS

Selvas (Forêts Vierges)

Marañon ou Fl. des Amazones

Plateau du Matto Grosso

Plateau du Brésil

C. Frio

Rio-de-Janeiro

V. Tolima

V. Chimborazo

Cotopaxi

G. de Guayaquil

Pte Parina

Callao

Lima

I. Chincha

Sajama

Plateau de Bolivie

Gran Chaco

Entre Rios

Asuncion

Montevideo

Buenos-Aires

Rio de la Plata

Pampas

C. Corrientes

B. Blanca

B. de S. Matias

Pénᵉ S. José

Lag. dos Patos

Lag. Mirim

I. S. Félix

I. St Ambroise

V. Copiapo

Aconcagua

Valparaiso

Santiago

I. Juan Fernandez

I. Chiloé

Archipel des Chonos

Mᵗ St Valentin

I. Wellington

I. Hanovre

Patagonie

I. Sᵗᵉ Inès

Dét. de Magellan

G. de St Georges

I. Malouines (ou Falkland)

Géorgie du Sud

TERRE DE FEU

I. des États

C. Horn

I. Sandwich

Orcades Mérid.

OCÉAN GLACIAL ANTARCTIQUE

Nʲᵉˢ Shetland Mérid.

Tᵉ Louis Philippe

I. Joinville

Gravé par Erhard Frᵉˢ

R. Bolzé delᵗ.

OCÉAN ATLANTIQUE
Iᵉ du Cap Vert (P.)
I. St Paul
I. Fernando Noronha
VENEZUELA
GUYANES
ANGᵉ HOLLᵈᵉ Frᵉ
Guyane Brésilienne
COLOMBIE
ÉQUATEUR
QUITO
Guayaquil
PÉROU
LIMA
Callao
BRÉSIL
Amazonas
Forêts vierges (Selvas)
Grão Para
Maranhão
Pernambuco
Bahia
Bahia (S.Salvador)
Matto Grosso
Goyaz
Minas Geraes
Ouro Preto
S.Paulo
RIO-DE-JANEIRO
BOLIVIE
Sucre
La Paz
Tropique du Capricorne
Tropique du Capricorne.
CHILI
PARAGUAY
Parana
ASUNCION
Gran Chaco
RÉPUBLIQUE
Cordoba
URUGUAY
MONTEVIDEO
BUENOS-AIRES
La Plata
Rio de la Plata
ARGENTINE
Pampas
Valparaiso
SANTIAGO
Concepcion
CHILI
OCÉAN PACIFIQUE
Iᵉ Juan Fernandez
Rio Grande do Sul
Porto Alegre
OCÉAN ATLANTIQUE
B. de S. Matias
I. Chiloé
Archᵗ de Chonos
Penᵉ de Taytao
I. Wellington
Iles Malouines ou Falkland (A.)
Géorgie du Sud
Détᵗ de Magellan
Terre de feu
I. des États
C. Horn
Iᵗ Sandwich
Orcades Mérᵈˡᵉˢ
OCÉAN GLACIAL ANTARCTIQUE
Nᵗˡᵉ Shetland Merᵈ
Tᵉʳ Louis Philippe
I. Joinville
MER DES ANTILLES
Cuba
HAITI
ST DOMINGUE
Porto Rico (E.U.)
Jamaïque
Grandes Antilles
Petites Antilles
Iles du Vent
Guadeloupe (F.)
Martinique (F.)
AMÉRIQUE CENTRALE
HONDURAS
NICARAGUA
COSTA RICA
Panama
Medellin
BOGOTA
Chimborazo
Cuenca
CARACAS
Llanos
Matto Grosso
Trinidad
Arequipa
LA PAZ
Iquique
Antofagasta
Caldera
Tucuman
Mendoza
Rosario
Coquimbo
Talca
Valdivia
Chubut
G. de Sᵗ Georges
Principaux Chemins de fer
Lignes de Paquebots français
Lignes de Paquebots étrangers
Échelle de 1: 40.000.000ᵉ
500   0   500 kil.

OCÉAN
ATLANTIQUE
Pte de St Mathieu
C. Finisterre
G. de Gascogne
PÉNINSULE IBÉRIQUE
Madrid
Lisbonne
C. St Vincent
Dét. de Gibraltar
Tanger
Fez
Maroc
I. Madère
C. Ghir
Is Canaries
Ténérife
C. Bojador
C. Blanc
Adrar
Dunes d'Iguidi
Tropique du Cancer
SAHARA
(GRAND DESERT)
Timbouctou
St Louis
Sénégal
C. Vert Dakar
Gambie
C. Roxo
Rivières du Sud
Is Bissagos
Foute Djalon
Freetown
Mt Daro
I. Sherbro
Monrovia
C. des Palmes
C. des 3 Pointes
GUINÉE SEPTENTRLE
Côte de l'Ivoire
Côte de l'Or
Côte des Esclaves
Abéokouta
Lagos
B. de Benin
Golfe de Guinée
I. Fernando-Po
I. du Prince
I. S. Thomé
C. Lopez
I. Annobom
OCÉAN
ATLANTIQUE
I. del Ascension
I. Ste Hélène
Équateur
Tropique du Capricorne
Échelle 1: 40.000.000e
500   0   500   1000 Kil.
Gravé par Erhard Frès
Paris
Londres
Vienne
EUROPE
Plaine de Hongrie
Corse
Rome
PÉNINSULE ITALIQUE
Mer Adriatique
MER MÉDITERRANÉE
Sardaigne
Mer Tyrrhénienne
Sicile
M. Ionienne
Alger
Oran
Constantine Tunis
Malte
Crète
PETIT ATLAS
Hauts Plateaux
GRAND ATLAS
Djebel Amour
Figuig
O. Drâa
Touat
El Areg
Région des Dunes
In Salah
Tademait
Taell
Hamada el Homra
Fezzan
Mourzouk
Ghat
Pl. Ahaggar
Plateau d'Adghagh
Mt del'Air
Niger
L. Déboé
Say
Sokoto
Kano
Bornou
Sokoto
Yola
SOUDAN
Mt del'Adamaoua
Cameroun
B. de Biafra
Gabon
Ogooué
Franceville
Congo
Boma
Stanley Pool
Brazzaville
St Paul de Loanda
Benguella
Mt Elonga
Mossamédès
C. Frio
Bd de la Baleine
Damara
Omatako
Namakoua
Angra Pequena
Mt Karas
Kalahari
Orange
MER NOIRE
CAUCASE
Crimée
M. d'Azov
Danube
Ukraine
Don
Volga
Steppe des Kirghiz
M. d'Aral
Oust-Ourt
MER CASPIENNE
Elbourz
Ararat
ASIE MINEURE
Taurus
ASIE
Plateau de l'Iran
Mésopotamie
Euphrate
Tigre
Chypre
Constantinople
Bosphore
Mer de Marmara
Mer Égée
Morée
C. Matapan
Alexandrie
Le Caire
Port-Said
Canal de Suez
Suez
Sinaï
Dt de Syrie
Dt de Nefoud
ARABIE
G. Persique
MER ROUGE
Désert de Libye
Dt de Nubie
Souakim
La Mecque
Kordofan
Khartoum
Ouadai
Dar-Four
El Obeid
Fachoda
Dar-Fertit
Pays des Rivières
Dar-Banda
Ouellé
Lado
L. Stéphanie
Lac Rudolphe
Kanem
L. Tchad
Baghirmi
Bornou
Hadramaout
G. d'Aden
Presqu'île des Somali
Kaffa
Éthiopie
Godjam
Mt Tchad
L. Albert
Rouenzori
Ouganda
Mt Elgon
Kénia
Kilima Ndjaro
L. Albert Édouard
V. Kirounga
L. Victoria
Nyanza
L. Kivou
L. Léopold II
Kassaï
Tabora
Côte de Zanzibar
Mombasa
Pemba
Zanzibar
I. Mafia
OCÉAN INDIEN
C. Delgado
Comores
C. d'Ambre
I. Mayotte
I. Nossi-Bé
Mozambique
Canal de Mozambique
L. Bangouéolo
L. Dilolo
L. Chirwa
Zambèze
Quélimane
Sofala
L. Ngami
Desert de
Limpopo
Inhambane
B. Delagoa
Pretoria
Johannesburg
Mt aux Sources
Port Natal
C. Ste Marie
MADAGASCAR
Tananarive
Tsiafajavona
Le Cap
C. de Bonne Espérance
C. des Aiguilles
Iles Mascareignes
I. Rodriguez
I. Maurice (I. de France)
I. de la Réunion (I. Bourbon)
Tropique du Capricorne
L. Hermann del

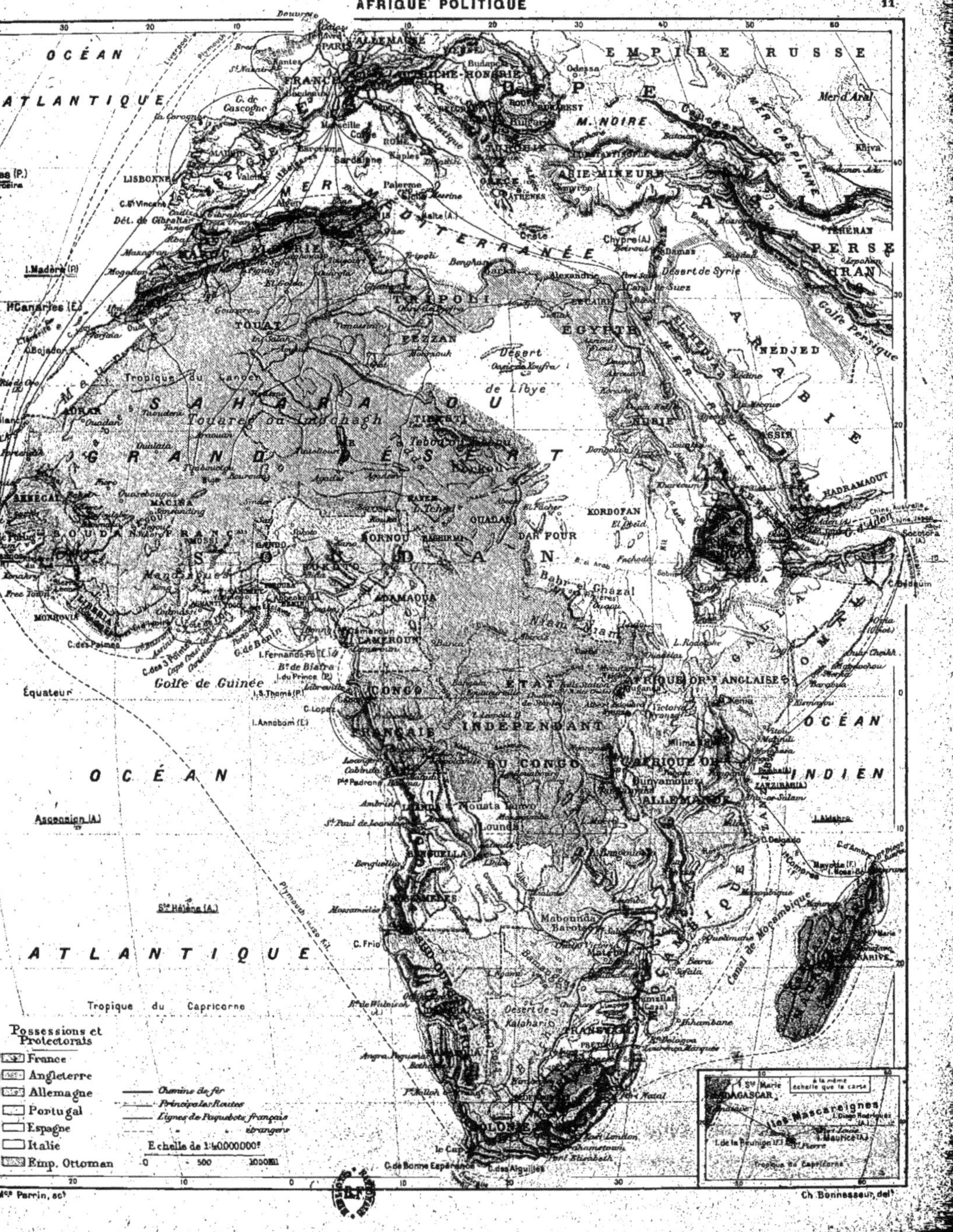
OCÉAN ATLANTIQUE
EUROPE
EMPIRE RUSSE
Mer d'Aral
MER CASPIENNE
M. NOIRE
ASIE MINEURE
PERSE IRAN
TÉHÉRAN
LISBONNE
MER MÉDITERRANÉE
Chypre (A)
NEDJED
I. Madère (P)
Iles Canaries (E)
TRIPOLI
ÉGYPTE
Désert de Libye
ARABIE
TOUAT
FEZZAN
HADRAMAOUT
SAHARA OU
Touareg ou Imohagh
GRAND DÉSERT
NUBIE
KORDOFAN
DAR FOUR
BORNOU
BAGHIRMI
OUADAÏ
ADAMAOUA
CAMEROUN
Golfe de Guinée
I. Fernando-Po (E)
I. S. Thomé (P)
I. Annobam (E)
Équateur
CONGO FRANÇAIS
ÉTAT INDÉPENDANT DU CONGO
AFRIQUE OR. ANGLAISE
OCÉAN INDIEN
AFRIQUE OR. ALLEMANDE
ZANZIBAR
OCÉAN
Ascension (A)
Ste Hélène (A)
ATLANTIQUE
Tropique du Capricorne
Désert de Kalahari
TRANSVAL
Canal de Mozambique
MADAGASCAR
Les Mascareignes
C. de Bonne Espérance
MDAGASCAR
Possessions et Protectorats
France
Angleterre
Allemagne
Portugal
Espagne
Italie
Emp. Ottoman
Chemins de fer
Principales Routes
Lignes de Paquebots français
étrangers
Échelle de 1:40.000.000e
0 500 1000 km
Ste Marie
à la même échelle que la carte
I. Diego Rodriguez
I. de la Réunion (F)
I. Maurice (A)
Tropique du Capricorne
Mce Perrin, sc.
Ch. Bonnesseur, del.

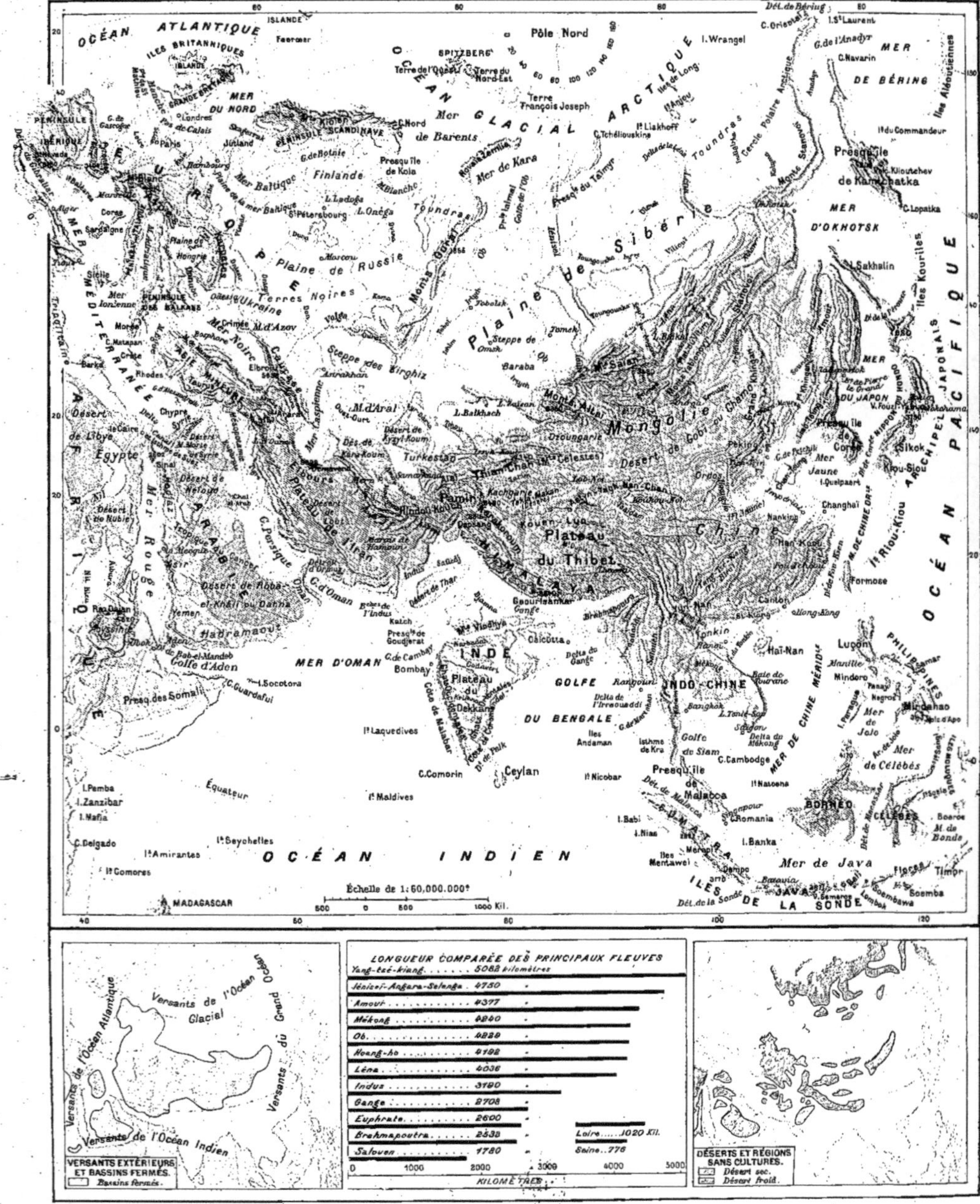

LONGUEUR COMPARÉE DES PRINCIPAUX FLEUVES

Fleuve	Longueur (kilomètres)
Yang-tsé-kiang	5088
Iénizéï-Angara-Selenga	4750
Amour	4377
Mékong	4340
Ob	4329
Hoang-ho	4198
Léna	4036
Indus	3190
Gange	2708
Euphrate	2600
Brahmapoutre	2538
Saloven	1780
Loire	1020 Kil.
Seine	776

OCÉAN ATLANTIQUE
ISLANDE
ILES BRITANNIQUES
Faeroër
MER DU NORD
SPITZBERG
Pôle Nord
I. Wrangel
C. Or
MER DE BÉRING
Iles Aléoutiennes
Dét. de Béring
OCÉAN GLACIAL ARCTIQUE
Terre François-Joseph
C. Nord
C. Tchéliouskine
I. Liakhoff
Presqu'île Kamtchatka
KRISTIANIA
STOCKHOLM G. de Botnie
SUÈDE
Mer Baltique
Finlande
S.T-PÉTERSBOURG
L. Ladoga
L. Onéga
Mer de Kara
Sibérie
MER D'OKHOTSK
I. Sakhalin
Iles Kouriles
Plaine du Russe
EMPIRE RUSSE
Volga
Tobolsk
Tomsk
OCÉAN PACIFIQUE
M. d'Azof
Caucase
Elbrous
Aralsch
M. d'Aral
L. Balkach
Désert de Gobi
PÉKING
MER DU JAPON
Yokohama
MER MÉDITERRANÉE
Désert de Libye
ÉGYPTE
Mer Rouge
PERSE
Ispahan
AFGHANISTAN
Karatché
EMPIRE CHINOIS
Plateau du Thibet
HIMALAYA
Changhai
Hoang-Ho
CHINE
Formose
MER JAUNE
Kiou-Siou
G. Persique
Désert de Roba el Khali ou Dahna
Désert de Nefoud
Golfe d'Aden
MER D'OMAN
Damas
Daman
Bombay
EMPIRE DES INDES
CALCUTTA
Delta du Gange
BIRMANIE
Hong-Kong
Kouang-Tchéou
Hai-Nan
Luçon
PHILIPPINES
Mindanao
C. Guardafui
I. Socotora
Côte de Malabar
Plateau du Dekkan
Tanore
Madras
Pondichéry
Karikal
Golfe du Bengale
Rangoon
Delta de l'Irraouaddi
INDO-CHINE SIAM
BANGKOK
Golfe de Siam
Delta du COCHINCHINE
Bornéo
I. Jolo
Equateur
I. Zanzibar
I.S Laquedives
C. Comorin
Colombo
Ceylan
Pointe de Galle
I.S Nicobart
Iles Andaman
Presqu'île de MALACCA
C. Romania
CÉLÈBES
I.S Maldives
OCÉAN INDIEN
SUMATRA
Batavia
Mer de Java
Flores
Timor
Soemba
ILES DE LA SONDE
Dét. de la Soende

Légende
Possessions américaines.
id. anglaises.
id. françaises.
id. hollandaises.
id. portugaises.

Echelle de 1:60.000.000?
500   0   500   1000 Kil.

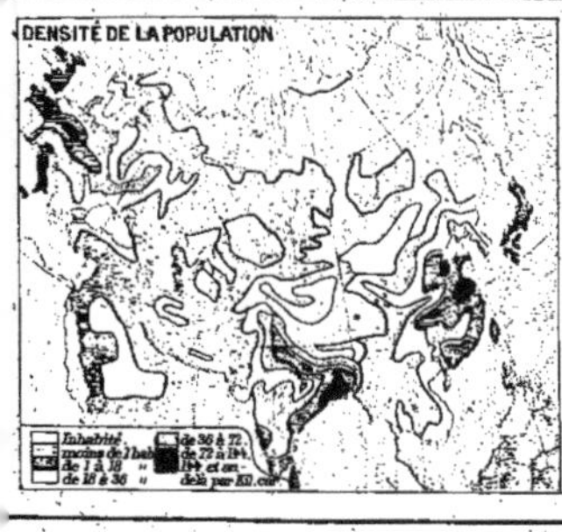

DENSITÉ DE LA POPULATION

Inhabité
moins de 10 h.
de 10 à 36
de 36 à 72
72 à 194
194 et au dessus par 10. cq.

RACES

Indo-Européens
Sémites
Mongols
Finno-Touraniens

RELIGIONS

Chrétiens
Mahométans
Brahmanistes
Bouddhistes
Chamanistes

OCÉAN GLACIAL ARCTIQUE
MER DE BARENTS
SIBÉRIE
ASIE
OCÉAN ATLANTIQUE
MER DU NORD
ÎLES BRITANNIQUES
IRLANDE
BRETAGNE
LA MANCHE
Finlande
Plaine de Russie
Moscou
Ukraine
Marais de Pinsk
Plaine de Hongrie
MER NOIRE
MER CASPIENNE
Steppe des Kirghiz
Mer d'Aral
MER ADRIATIQUE
PÉNINSULE ITALIQUE
Sardaigne
Corse
MER TYRRHÉNIENNE
MER IONIENNE
MER MÉDITERRANÉE
PÉNINSULE DES BALKANS
ASIE MINEURE
Mésopotamie
Crète
Chypre
Echelle de 1:30.000.000
ALPES ORIENTALES
ALPES CENTRALES
Plateau de Bavière
Munich
Plaine de Hongrie
G. de Gênes
MER ADRIATIQUE
ALPES Dinariques
C. Corse
Golfe du Lion
Gravé par Erhard Frères

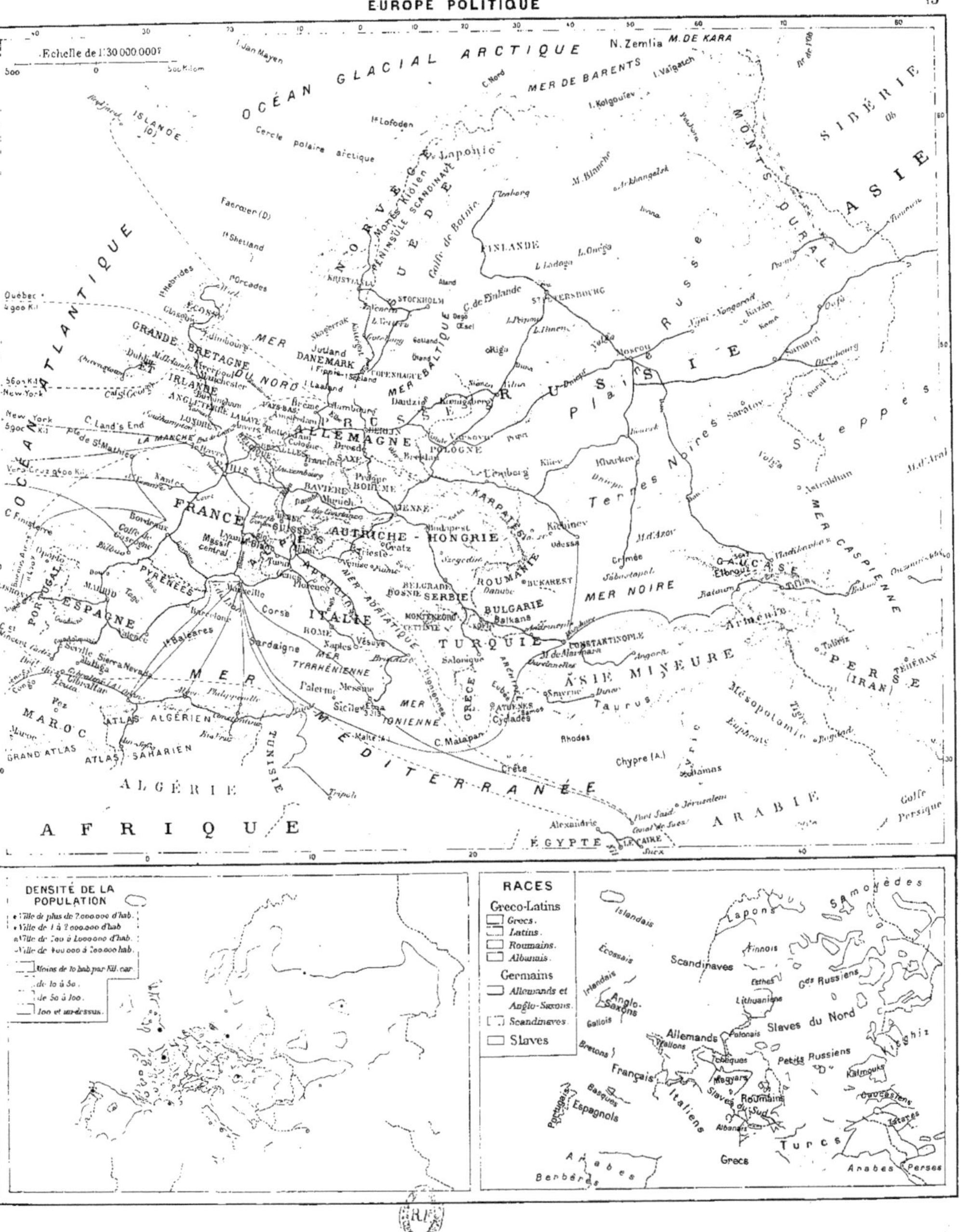
Echelle de 1:30 000 000°
500   0   500 Kilom

OCÉAN GLACIAL ARCTIQUE
N. Zemlia   M. DE KARA
MER DE BARENTS
I. Jan Mayen
C. Nord
Is Lofoden
I. Kolgouïev
I. Vaïgatch
ISLANDE
Cercle polaire arctique
SIBÉRIE
ASIE
MONTS OURAL
Faeroer (D)
Is Shetland
NORVÈGE
SUÈDE
Laponie
FINLANDE
L. Ladoga
L. Onéga
PÉNINSULE SCANDINAVE
Monts Kiölen
Québec
4 900 Kil.
Is Hébrides
Is Orcades
KRISTIANIA
STOCKHOLM
G. de Finlande
ST PÉTERSBOURG
L. Peipous
L. Ilmen
RUSSIE
GRANDE-BRETAGNE
ET IRLANDE
Glasgow
Édimbourg
Skagerrak
Kattegat
Gulf de Botnie
Åland
Gotland
oRiga
Moscou
Steppes
MER DU NORD
Jutland
DANEMARK
Fionie
Seeland
COPENHAGUE
MER BALTIQUE
Dantzig
Kœnigsberg
POLOGNE
560 00 Kil.
New York
New York
5900 Kil.
C. Land's End
Dublin
Manchester
LONDRES
ANGLETERRE
LA MANCHE
Anvers
Rotterdam
PAYS-BAS
Brême
Hambourg
ALLEMAGNE
Cologne
Dresde
SAXE
Berlin
Varsovie
Breslau
Lemberg
Kiev
Kharkov
Terres Noires
Saratov
Volga
MER CASPIENNE
M. d'Aral
C. Finistère
LE HAVRE
Paris
Luxembourg
Francfort
Prague
BOHÊME
BAVIÈRE
Munich
VIENNE
AUTRICHE-HONGRIE
Gratz
Budapest
Szegedin
Kichinev
Odessa
Crimée
Sébastopol
MER NOIRE
CAUCASE
Elbrouz
Tiflis
PERSE
(IRAN)
FRANCE
SUISSE
ALPES
Lyon
Massif
central
Bordeaux
Golfe de Gascogne
PYRÉNÉES
Genève
Turin
Milan
Venise
Trieste
MER ADRIATIQUE
Florence
BELGRADE
BOSNIE
SERBIE
Danube
ROUMANIE
BUKAREST
BULGARIE
Balkans
Arménie
Taurus
ASIE MINEURE
Mésopotamie
Euphrate
Tigre
PORTUGAL
ESPAGNE
MADRID
Tage
Barcelone
ITALIE
ROME
Naples
Vésuve
Corse
Sardaigne
MER
TYRRHÉNIENNE
MONTÉNÉGRO
Salonique
TURQUIE
CONSTANTINOPLE
M. de Marmara
Dardanelles
Angora
Smyrne
Palerme
Messine
Sicile
Etna
MER IONIENNE
GRÈCE
ARCHIPEL
Cyclades
Rhodes
Chypre (A.)
MAROC
ATLAS ALGÉRIEN
Alger
Philippeville
TUNISIE
Malte
C. Matapan
Crète
GRAND ATLAS
ATLAS SAHARIEN
ALGÉRIE
MER MÉDITERRANÉE
Tripoli
ÉGYPTE
LE CAIRE
Suez
Port Saïd
Canal de Suez
Alexandrie
Jérusalem
ARABIE
Golfe
Persique
AFRIQUE

OCÉAN ATLANTIQUE

DENSITÉ DE LA
POPULATION
Ville de plus de 2.000.000 d'hab.
Ville de 1 à 2.000.000 d'hab.
Ville de 500 à 1.000.000 d'hab.
Ville de 100.000 à 500.000 hab.
Moins de 10 hab. par Kil. car.
de 10 à 50.
de 50 à 100.
100 et au-dessus.

RACES
Greco-Latins
Grecs.
Latins.
Roumains.
Albanais.
Germains
Allemands et
Anglo-Saxons.
Scandinaves.
Slaves
Islandais
Lapons
Samoyèdes
Écossais
Finnois
Scandinaves
Gds Russiens
Irlandais
Esthes
Lithuaniens
Anglo-Saxons
Gallois
Allemands
Polonais
Slaves du Nord
Bretons
Wallons
Tchèques
Petits Russiens
Kirghiz
Français
Magyars
Kalmouks
Italiens
Slaves du Sud
Roumains
Basques
Portugais
Espagnols
Albanais
Turcs
Caucasiens
Tatares
Arabes
Berbères
Grecs
Arabes
Perses

OCÉAN
ATLANTIQUE
C.Ortégal
Le Ferrol
C.Finisterre
C.da Roca
LISBONNE
C.Espichel
C.de Sines
C.S.Vincent
C.Carvoeiro
Coimbre
PORTO
Cadix
C.Trafalgar
D.de Gibraltar
C.Spartel
G.de Cadix
SEVILLE
MALAGA
Gibraltar (Angl.)
Ceuta (Esp.)
MAROC
B.de Biscaye
Santander
Bayonne
Oviedo
Valladolid
Castille
ESPAGNE
MADRID
Ciudad Real
Badajoz
Cordoue
Grenade
C.de Gata
TOULOUSE
MARSEILLE
Toulon
G.du Lion
Perpignan
C.de Creus
BARCELONE
Tarragone
VALENCE
Castellon de la Plana
C.de Nao
Alicante
Murcie
C.de Palos
Carthagène
MÉDITERRANÉE
Iles Baléares
Minorque
Mahon
Palma
Majorque
Ivica
I.Pityuses
Formentera
Corse
Ajaccio
Sardaigne
MER
I.Alboran (Esp.)
Oran
ALGÉRIE
Alger
Bougie
Bône
Echelle 1:10.000.000
100   0   100   200 Kil.
RUSSIE
HONGRIE
Szegedin
Szabadka
Temesvar
Belgrade
Danube
BUCAREST
ROUMANIE
Craiova
BULGARIE
ROUMÉLIE
MER NOIRE
C.d'Emineh
Bourgas
CONSTANTINOPLE
M.de Marmara
MILAN
VENISE
G.de Venise
Pola
Cherso
Fiume
Ravenne
Rimini
Ancône
G.de Gênes
Pise
Livourne
C.Corse
I.d'Elbe
Corse
Ajaccio
B.hes de Bonifacio
Sassari
Terranova
Sardaigne
Gennargentu
Oristano
Cagliari
C.Spartivento
S.Antioco
MER TYRRHÉNIENNE
ROME
Pontines
G.de Gaëte
Ischia
NAPLES
G.de Naples
G.de Salerne
Pr.de Gargano
Manfredonia
Barletta
Bari
Brindisi
Otrante
G.de Tarente
C.Leuca
Corfou
Iles Ioniennes
Céphalonie
Leucade
Zante
ADRIATIQUE
MER
Raguse
Cattaro
Dulcigno
Durazzo
Scutari
MER ÉGÉE
Salonique
Thasos
Lemnos
Samothrace
Imbros
Gallipoli
Sporades
Septlès
Mytilène
Skyros
Andros
Tinos
Naxos
Chio
Samos
ASIE MINEURE
MER ÉGÉE
G.d'Arta
Missolonghi
Lépante
Patras
Corinthe
Égine
Hydra
Nauplie
G.d'Arcadie
Napoli
C.Matapan
C.Malée
Cerigo
Crète ou Candie
Candie
Rhodes
Carpathos
Trápani
PALERME
Messine
I.Lipari
I.Ægades
Marsala
C.Blanc
C.Bon
G.de Tunis
Pantellaria (It.)
Syracuse
C.Passero
C.Spartivento
Calme
M.IONIENNE
TUNISIE
G.de Hammamet
MÉDITERRANÉE
MER
Malte (Angl.)
Linosa (It.)
Echelle 1:10.000.000
100   0   100   200 Kil.

ILES BRITANNIQUES

ANGLETERRE — ÉCOSSE — IRLANDE
DANEMARK

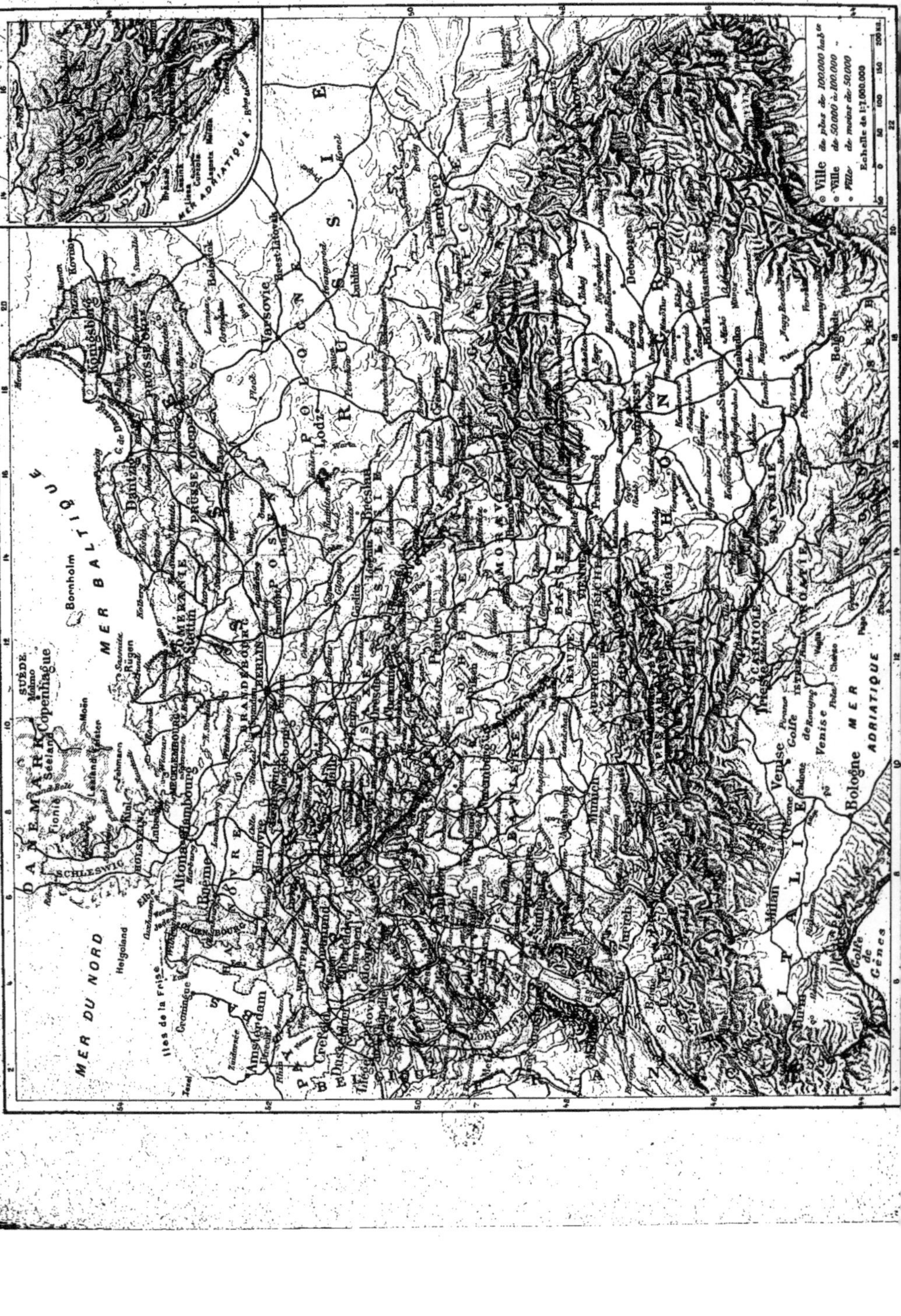

MER DU NORD

MER BALTIQUE

DANEMARK

SUÈDE

Copenhague

Bornholm

SCHLESWIG

HOLSTEIN

PAYS-BAS

BELGIQUE

FRANCE

ITALIE

Bologne

MER ADRIATIQUE

Venise

Milan

Golfe de Gênes

POLOGNE RUSSE

Varsovie

Lodz

PRUSSE

Dantzig

BERLIN

POMÉRANIE

Stettin

POSEN

SILÉSIE

SAXE

BOHÊME

MORAVIE

AUTRICHE

HONGRIE

CARNIOLE

ISTRIE

DALMATIE

Ville de plus de 100000 hab.
Ville de 50000 à 100000
Ville de moins de 50000
Échelle de 1:7.000.000
0   50   100   150   200 kil.

Echelle 1: 20 000 000
OCÉAN GLACIAL ARCTIQUE
Cap Nord
Nordkyn
Novaïa Zemlia
M. de Kara
Presqu'île de Iaimal
Golfe de l'Ob
I. Vaigatch
I. Kolgouïev
Kanin
Toundras
Cercle polaire arctique
OCÉAN ATLANTIQUE
Vesteraalen
Lofoten
Tromsö
Söro
Hammerfest
Vardöhus
L. Enare
Kola
Presqu'île de Kola
M. Blanche
Solovetskii
Mezen
Arkhangelsk
Onega
Dvina
NORVÈGE
FINLANDE
Kuopio
Petrozavodsk
L. Onega
Lac Ladoga
Bolo Ozero
Vologda
Trondhjem
Dovre
Soqne Fjord
Bergen
KRISTIANIA
Stavanger
Kristiansand
Skagerrak
Uprala
Åland
STOCKHOLM
Helsingfors
Viborg
Åbo
L. Saima
Olonets
Revel
Narva
L. Peipus
Novgorod
Mologa
M. du Nord
DANEMARK
COPENHAGUE
GÖTEBORG
Malmö
MER BALTIQUE
G. de Finlande
Kronstadt
Dagö
Ösel
G. de Riga
S't PÉTERSBOURG
Rybinsk
Iaroslavl
Tver
Plateau de Valdai
Kiel
Lübeck
Libau
RIGA
Pskov
HAMBOURG
STETTIN
DANZIG
KÖNIGSBERG
VILNA
Vitebsk
Polotsk
R U S S I E
Vladimir
Nijni Novgorod
KAZAN
Kostroma
Viatka
Oufa
BERLIN
POSEN
Minsk
Moghilev
Smolensk
MOSCOU
Simbirsk
Stavropol
ALLEMAGNE
LEIPZIG
BRESLAU
LODZ
VARSOVIE
POLOGNE
Bobrouisk
Briansk
Orel
TOULA
Riazan
Tamboff
Penza
Samara
DRESDE
PRAGUE
Brünn
Marais de Pinsk
Tchernigov
Koursk
Lipetsk
Saratov
Ouralsk
Orenbourg
NUREMBERG
MUNICH
Cracovie
Jitomir
KIEV
Voronej
Don
Borisoglebsk
VIENNE
LEMBERG
Berditchev
Poltava
KHARKOV
Volga
AUTRICHE-HONGRIE
BUDAPEST
Ielizavetgrad
Kremenchoug
Tsaritsyn
KIRGHIZ
Szegedin
KICHINEV
Nikolaïev
Taganrog
ROSTOV
ASTRAKHAN
MER CASPIENNE
ROUMANIE
BUCAREST
ODESSA
Kherson
M. d'Azov
Iekaterinodar
Stavropol
Novotcherkassk
SERBIE
MONTÉNÉGRO
BULGARIE
Balkans
Varna
Crimée
Sébastopol
Novorossiisk
CAUCASE
Oust-Ourt
MER ADRIATIQUE
ITALIE
NAPLES
TURQUIE
CONSTANTINOPLE
Andrinople
MER NOIRE
Batoum
TIFLIS
Vladikavkaz
Kara Bougaz
KHIVA
Mer d'Aral
VENISE
SALONIQUE
M. de Marmara
Scutari
Trebizonde
BAKOU
d'Apchéron
Thasos
Angora
Brousse
ASIE MINEURE
Erzeroum
Elbourz
Recht
GRÈCE
Moréе
ATHÈNES
SMYRNE
Konieh
TABRIZ
Téhéran
MESSINE
Iles Ioniennes
ÉGÉE
Cyclades
Rhodes
Adalia
TAURUS
Adana
ALEP
Mossoul
MER MÉDITERRANÉE
Crète
Chypre
MÉSOPOTAMIE
Mt Elvend
Hamadan
Kachan
PERSE
Ispahan
Grande Syrte
Barka
Cyrénaïque
BEIRUT
DAMAS
BAGDAD
Babylone
Yezd
ALEXANDRIE
LE CAIRE
SYRIE
Palestine
Jérusalem
M. Morte
Can. de Suez
ÉGYPTE
ARABIE
Bassora
G. Persique

Gravé par Erhard Frères
Th. Weinreb del.

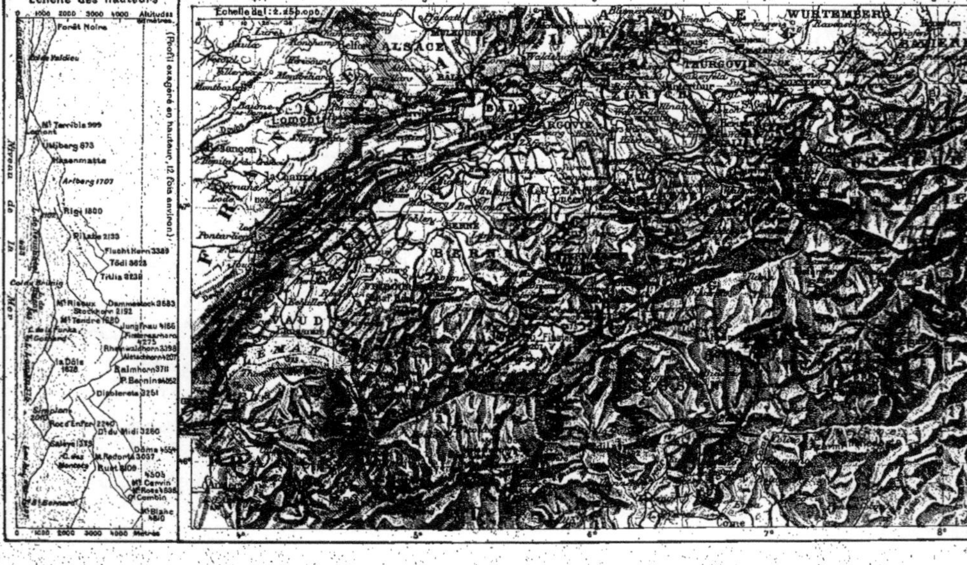

RELIEF DU SOL
DE LA
LA FRANCE
J. Chardon Sc.

Mme Perrin, sc.t   Ch. Bonnesseur, del.t

ANGLETERRE
LONDRES
MER DU NORD
Ostende
Douvres
Folkestone
ANVERS
Gand
DUNKERQUE
SOUTHAMPTON
Portsmouth
Calais
Gravelines
BELGIQUE
Cologne
Newhaven
Boulogne
Bruxelles
Plymouth
I. de Wight
Lille
Namur
Mons
Liège
Phare d'Eddystone
LA MANCHE
Dieppe
Abbeville
Arras
St Quentin
Cambrai Landrecies
Koblenz
ARDENNES
DE LUXEMBOURG
du Havre à New-York 5,900
Caux
St Valéry
Amiens
Canal de la Somme
Metz
I. d'Aurigny
Cherbourg
Fécamp
Rouen
Canal de
la Sambre
à l'Oise
Chauny
LE HAVRE
Honfleur
Trouville
C. de Tancarville
Soissons
Reims
Canal de l'Aisne
à la Marne
Verdun
Strasbourg
Guernesey
St Sauveur
Iles Normandes
(Angl.) Jersey
Caen
Lisieux
Seine
Oise
Laon
Épernay
Châlons
Marne
Canal de la Marne au Rhin
Nancy
Rhin
St Malo
St Servan
Dinan
Rennes
Vilaine
le Mans
PARIS
Melun
Seine
Troyes
Aube
Épinal
Brest
Morlaix
St Brieuc
Mayenne
Sarthe
Orléans
Loire
Canal
d'Orléans
Canal du Nivernais
Dijon
Besançon
Concarneau
Lorient
Vannes
Auray
Angers
Tours
Canal de Briare
Auxerre
Saône
Dôle
SUISSE
Presq'le Quiberon
Bella-Ile
NANTES
Loire
Saumur
Vienne
Indre
Cher
Bourges
Nevers
Chalon-sr-Saône
L. de Neuchâtel
la Rochelle
l. de Grandlieu
Châtellerault
Poitiers
Niort
Montluçon
Roanne
Lyon
OCÉAN
I. de Noirmoutier
I. d'Yeu
les Sables
d'Olonne
Fontenay-le-Cte
I. de Ré
la Rochelle
Rochefort
I. d'Oleron
Tonnay-Charente
Limoges
Vienne
St Étienne
Valence
MASSIF CENTRAL
ITALIE
de Bordeaux aux Antilles 12,000
Phare de Cordouan
Royan
Angoulême
Périgueux
ATLANTIQUE
BORDEAUX
Dordogne
Libourne
Arcachon
Garonne
Cahors
Canal latéral
Agen
Golfe
de Gascogne
Mont-de-Marsan
Adour
St Sever
Albi
Toulouse
Nîmes
Avignon
Arles
Santander
Bayonne
St Sébastien
Tarbes
Garonne
Canal du Midi
Montpellier
Cette
MARSEILLE
Toulon
St Tropez
Hyères
Carcassonne
Narbonne
la Nouvelle
Golfe du Lion
PYRÉNÉES
ESPAGNE
Port-Vendres
C. Gerbère
C. de Creus
MER
MÉDITERRANÉE
Saragosse
Échelle de 1:5 000 000
0   50   100   150 kil.
Ebre
BARCELONE
Bouches de Bonifacio
Les cinq grands bassins principaux
ont chacun une couleur respective.
Les bassins secondaires sont indiqués
par une teinte en chamois uniforme.

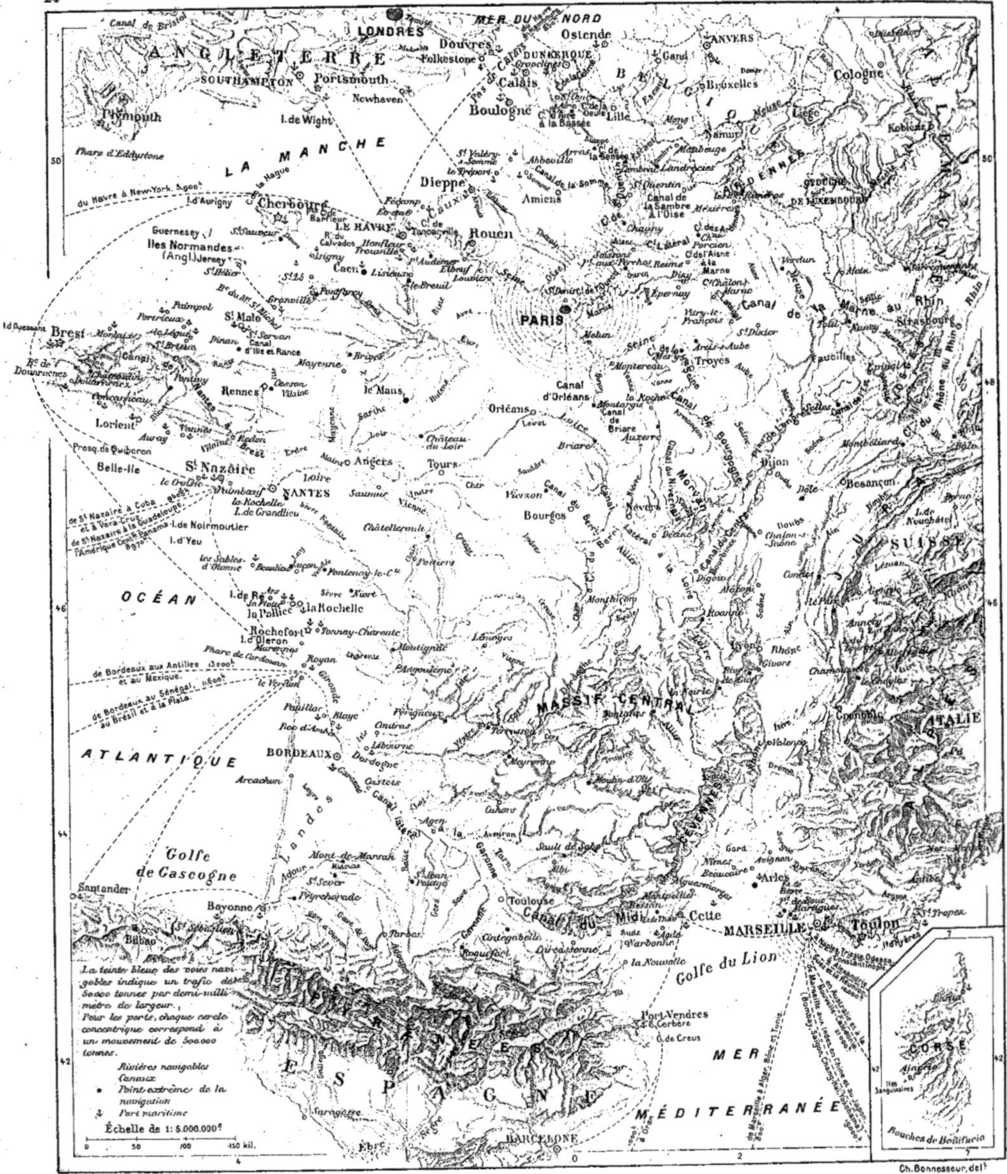
MER DU NORD
ANGLETERRE
LONDRES
Douvres
Ostende
ANVERS
Southampton
Portsmouth
Folkestone
DUNKERQUE
Gand
Bruxelles
Cologne
Plymouth
Newhaven
I. de Wight
Calais
Boulogne
Lille
Mons
Namur
Liège
Koblenz
LA MANCHE
Phare d'Eddystone
du Havre à New-York, 5.900
St Valéry
le Tréport
Abbeville
Amiens
St Quentin
Canal de la Somme
Mézières
DE LUXEMBOURG
la Hague
Dieppe
Fécamp
Cherbourg
Barfleur
LE HAVRE
Honfleur
Rouen
Soissons
Reims
Verdun
Metz
Rhin
Guernesey
Iles Normandes
(Angl.) Jersey
St Sauveur
St Hélier
Calvados
Trouville
Caen
Lisieux
Elbeuf
Seine
PARIS
Châlons
Épernay
Canal de la Marne au Rhin
Strasbourg
Brest
Paimpol
Portrieux
St Malo
St Servan
Dinan
Canal d'Ille et Rance
Rennes
Mayenne
Vilaine
le Mans
Sarthe
Briare
Melun
Seine
Montereau
Troyes
Épinal
Bcde Douarnenez
Canal
Fougères
Vannes
Vilaine
Angers
Tours
Orléans
Loire
Briare
Auxerre
Canal de Bourgogne
Dijon
Dôle
Besançon
Lorient
Presqu de Quiberon
Belle-Île
St Nazaire
NANTES
la Rochelle
L. de Grandlieu
I. de Noirmoutier
Saumur
Vienne
Châtellerault
Bourges
Canal du Nivernais
Nevers
Montbéliard
SUISSE
de St Nazaire à Cuba
et à Vera-Cruz
de St Nazaire à Colon, Panama
l'Amérique Centrale
I. d'Yeu
les Sables-
d'Olonne
Luçon
Fontenay-le-Cte
Poitiers
Digoin
Mâcon
OCÉAN
I. de Ré
la Rochelle
Niort
Sèvre
Lac de Neuchâtel
Rochefort
I. d'Oléron
Tonnay-Charente
Limoges
Monthieon
Roanne
Lyon
Rhône
Annecy
Phare de Cordouan
Royan
Charente
Angoulême
Vienne
de Bordeaux aux Antilles
et au Mexique
le Verdon
MASSIF CENTRAL
St Étienne
Grenoble
ITALIE
Pauillac
Blaye
Périgueux
Bec d'Ambès
Libourne
BORDEAUX
Dordogne
Valence
ATLANTIQUE
de Bordeaux au Sénégal
au Brésil et à la Plata
Arcachon
Castets
Garonne
Agen
Cahors
Aveyron
CÉVENNES
Gard
Golfe
de Gascogne
Mont-de-Marsan
Adour
St Sever
Albi
Nîmes
Avignon
Arles
Santander
Bayonne
Peyrehorade
Toulouse
Montpellier
Cette
MARSEILLE
Toulon
Bilbao
St Sébastien
Canal du Midi
Carcassonne
Narbonne
la Nouvelle
Golfe du Lion
La teinte bleue des voies navi-
gables indique un trafic de
5.000 tonnes par demi-milli-
mètre de largeur.
Pour les ports, chaque cercle
concentrique correspond à
un mouvement de 500.000
tonnes.
Port-Vendres
C. Cerbère
C. de Creus
MER
Rivières navigables
Canaux
Point extrême de la
navigation
Port maritime
Échelle de 1: 5.000.000
ESPAGNE
MÉDITERRANÉE
CORSE
Ajaccio
Iles
Sanguinaires
Bouches de Bonifacio
Ebre
BARCELONE
Mm Perrin, sc.
Ch. Bonnesseur, del.

M. DU NORD
PAYS-BAS
ANGLETERRE
Canal de Bristol Bristol
LONDRES
Douvres
Southampton
Folkestone
Newhaven
I. de Wight
Plymouth
Ostende
Gand
Anvers
v. Amsterdam
v. St Pétersbourg
v. Berlin
Düsseldorf
Dunkerque
Calais
Pas de Calais
Boulogne
Lille
BRUXELLES
Namur
Liège
Aix-la-Chapelle
COLOGNE
v. Berlin
LA MANCHE
Dieppe
Le Tréport
Arras
Amiens
St Quentin
LUXEMBOURG
du Havre à New-York 5900
I. d'Aurigny
Cherbourg
Guernesey
Iles Normandes
Jersey
St Hélier
le Havre
Rouen
Beauvais
Reims
Châlons
Metz
Caen
Granville
St Malo
Dinard
Avranches
Alençon
Versailles
Troyes
v. Munich
Quimper
Rennes
le Mans
Montargis
Auxerre
Nancy
Épinal
v. Vienne
Lorient
Vannes
Redon
Angers
Vendôme
Orléan
Gien
Sologne
Chaumont
Belfort
SUISSE
I. de Groix
Quiberon
Belle-Ile
St Nazaire
Nantes
Saumur
Tours
Blois
Bourges
Nevers
Besançon
de St Nazaire à Cuba 5600
et à Vera Cruz
Pornic
I. de Noirmoutier
I. d'Yeu
la Roche-s-Yon
Thouars
Châteauroux
Moulins
Mâcon
Chalon-s-Saône
Léman
de St Nazaire à la Guadeloupe
l'Amérique
Panama
Poitiers
Niort
Montluçon
Guéret
Clermont
Genève
OCÉAN
les Sables-d'Olonne
I. de Ré
la Rochelle
I. d'Oléron
Rochefort
St Junien
Limoges
Cannes
Vichy
ATLANTIQUE
de Bordeaux aux Antilles 9400
et au Mexique
Phare de Cordouan
Royan
Garonne
Angoulême
Périgueux
Grenoble
de Bordeaux au Sénégal 11600
au Brésil et à la Plata
le Verdon
Rublac
Blaye
Contras
Libourne
Dordogne
BORDEAUX
Arcachon
Cahors
Rodez
Golfe
de Gascogne
Morcenx
Mont-de-Marsan
Agen
Montauban
Avignon
Nîmes
Santander
Auch
Turin
Rome
v. Brindisi
v. Venise
Nice
Biarritz
Bayonne
Pau
Tarbes
Toulouse
Béziers
CETTE
MARSEILLE
Cannes
Bilbao
St Sébastien
Carcassonne
Narbonne
Golfe du Lion
ESPAGNE
Foix
Perpignan
Port-Vendres
Cerbère
MER
MÉDITERRANÉE
Barcelone
Valence
Corse
Calvi
Bastia
Ajaccio

Ouest
Paris-Lyon
Orléans
Méditerranée
État
Nord
Midi
Est
La largeur du coloris est de
1 millimètre pour 200.000 tonnes.
Le trafic inférieur à 200.000
tonnes est indiqué par un
liseré ayant moins d'un mill.
Échelle de 1:5.000.000
0   50   100   150 kil.

M.ce Perrin, sc.t
Ch. Bonnesseur, del.t

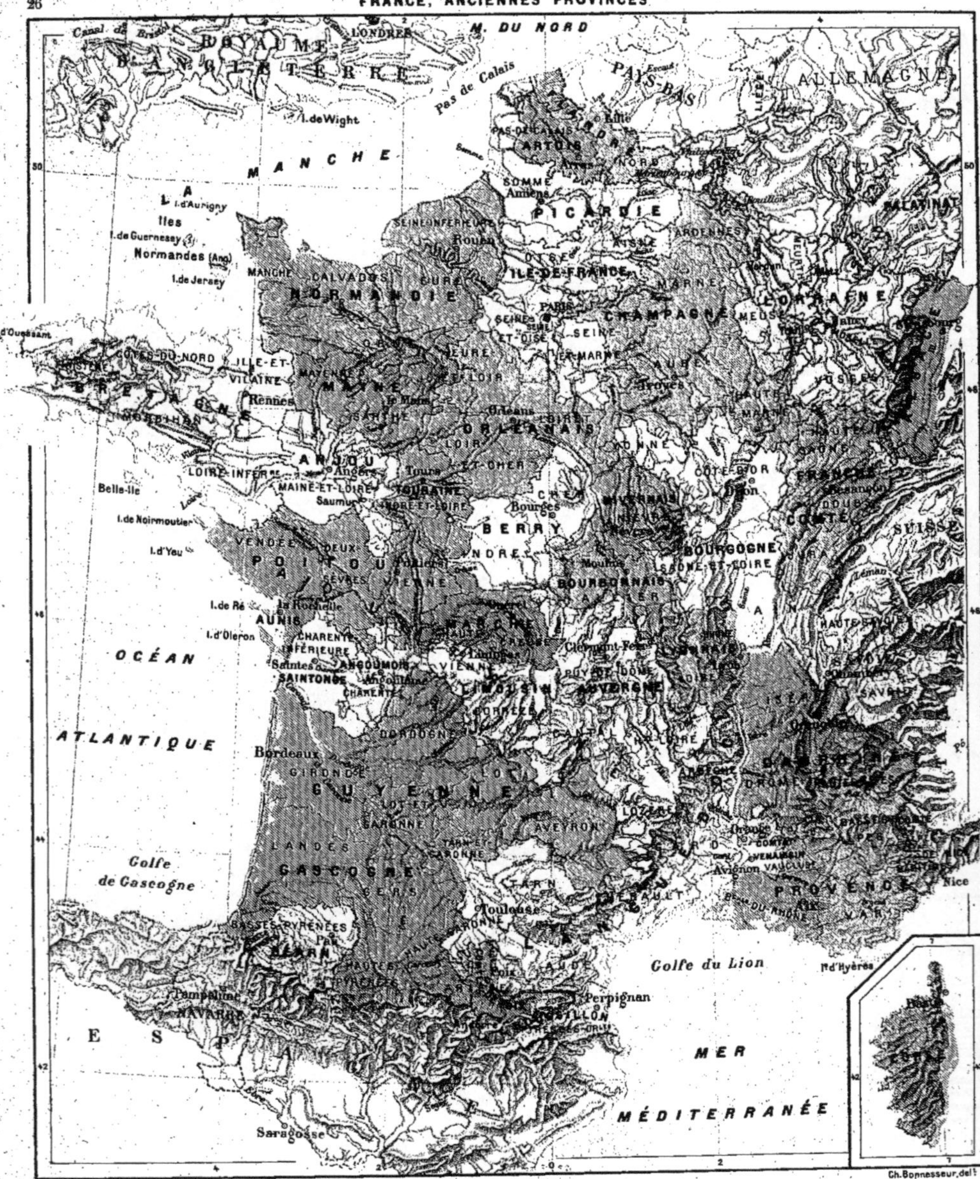
Canal de Brist
ROYAUME
LONDRES
M. DU NORD
D'ANGLETERRE
PAYS-BAS
ALLEMAGNE
Pas de Calais
I. de Wight
PALATINAT
MANCHE
PAS-DE-CALAIS
Lille
ARTOIS
NORD
SOMME
Amiens
PICARDIE
ARDENNES
A
I. d'Aurigny
Iles
SEINE-INFÉRIEURE
ILE-DE-FRANCE
LORRAINE
I. de Guernesey
Rouen
OISE
Normandes (Ang.)
MARNE
I. de Jersey
EURE
PARIS
CHAMPAGNE
MEUSE
MANCHE
CALVADOS
SEINE
NORMANDIE
SEINE-ET-OISE
SEINE-ET-MARNE
AUBE
I. d'Ouessant
MAYENNE
ORNE
EURE-ET-LOIR
HAUTE-
CÔTES-DU-NORD
ILLE-ET-
Troyes
MARNE
VILAINE
MAINE
Le Mans
LOIRET
BRETAGNE
Rennes
SARTHE
Orléans
YONNE
CÔTE-D'OR
FRANCHE-
MORBIHAN
LOIR
ORLÉANAIS
Dijon
DOUBS
ANJOU
COMTÉ
Belle-Ile
LOIRE-INFÉRE
Angers
Tours
LOIR-ET-CHER
CHER
SUISSE
MAINE-ET-LOIRE
TOURAINE
Bourges
I. de Noirmoutier
Saumur
INDRE-ET-LOIRE
NIVERNAIS
BOURGOGNE
I. d'Yeu
VENDÉE
POITOU
BERRY
SAÔNE-ET-LOIRE
DEUX-
Moulins
AIN
SÈVRES
INDRE
VIENNE
BOURBONNAIS
I. de Ré
la Rochelle
ALLIER
AUNIS
CHARENTE
CREUSE
HAUTE-SAVOIE
I. d'Oleron
INFÉRIEURE
VIENNE
Clermont-Fd
OCÉAN
Saintes
ANGOUMOIS
LIMOUSIN
AUVERGNE
SAINTONGE
Angoulême
CORRÈZE
PUY-DE-DÔME
SAVOIE
CHARENTE
ATLANTIQUE
DORDOGNE
LOIRE
Bordeaux
DRÔME
GIRONDE
GUYENNE
LOT-ET-
AVEYRON
Golfe
LANDES
GARONNE
VENAISSIN
de Gascogne
GASCOGNE
TARN-ET-
Avignon VAUCLUSE
GERS
GARONNE
Nice
Toulouse
TARN
HÉRAULT
PROVENCE
BASSES-PYRÉNÉES
GARONNE
VAR
HAUTES-
Foix
AUDE
Golfe du Lion
I. d'Hyères
Pampelune
PYRÉNÉES
Perpignan
NAVARRE
ROUSSILLON
MER
E S P A G N E
MÉDITERRANÉE
Saragosse

Mce Perrin, sc.
Ch. Bonnesseur, del.

FRANCE, DÉPARTEMENTS
M. DU NORD
ANGLETERRE
LONDRES
Canal de Bristol
Reading
Salisbury
Maidstone
Winchester
Lewes
P. de Calais
L. de Wight
MANCHE
LA
L'Aumay
Iles
Normandes
L. de Jersey
B. de la Seine
SEINE INF.
CALVADOS
EURE
MANCHE
Caen
St. de St Malo
MAYENNE
Laval
SEINE
ET-OISE
ILLE-ET-VILAINE
NORD
INDRE
CHER
MAINE-ET-LOIRE
ET-LOIRE
YONNE
la Roche-s-Yon
DEUX
SÈVRES
VENDÉE
INDRE
MOSELLE
RHIN
la Rochelle
I. d'Oléron
OCÉAN
CHARENTE
CHARENTE
INFÉR.
SUISSE
Turin
ATLANTIQUE
DORDOGNE
GIRONDE
LOT
LANDES
LA
Mont-de-Marsan
Golfe
de Gascogne
Santander
BASSES-PYRÉNÉES
Marseille
PROVINCES
Golfe du Lion
E
S
MER
MÉDITERRANÉE
Échelle de 1:5.000.000°
0   50   100   150 kil.
M. Perrin, sc.
R.F.
Ch. ..., del.

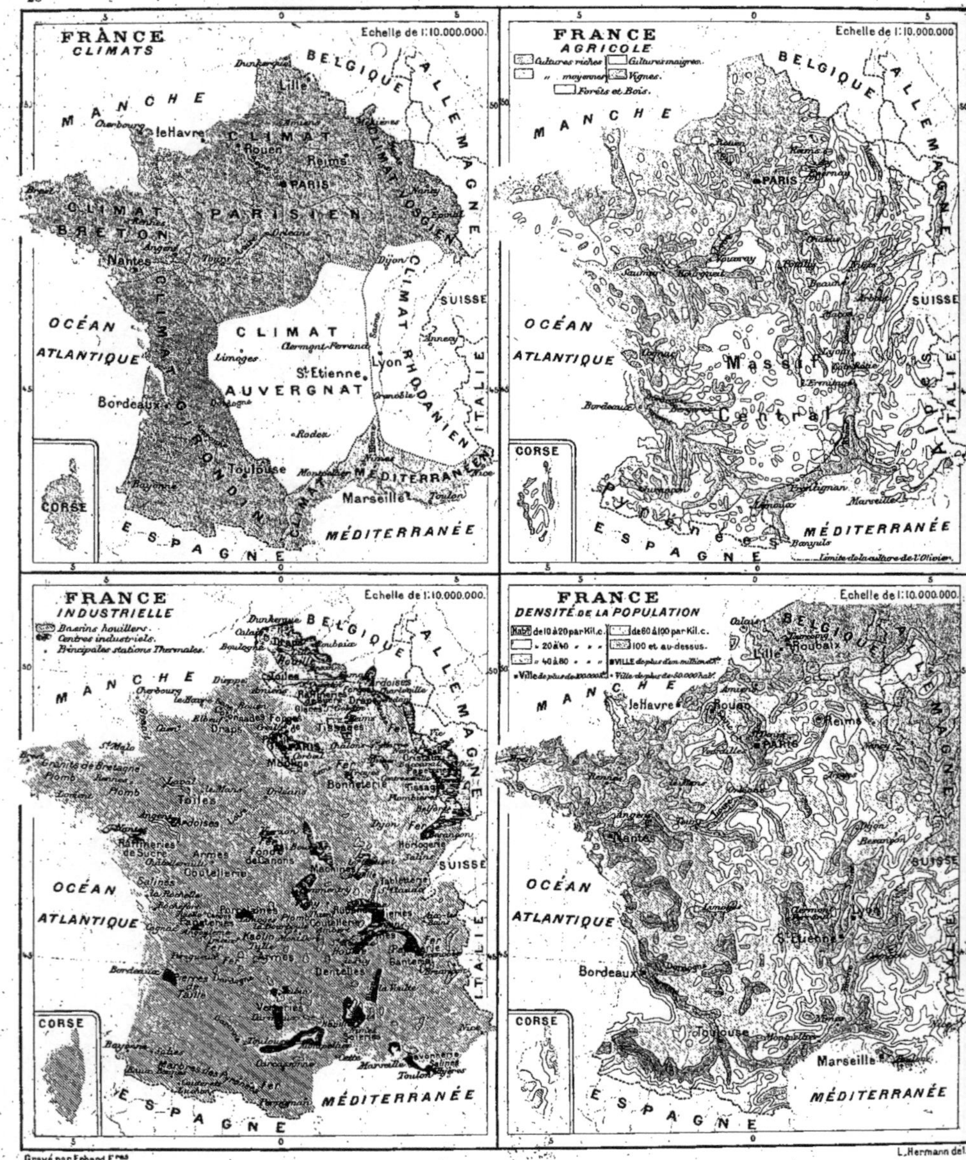

Gravé par Erhard Frères   L. Hermann del.

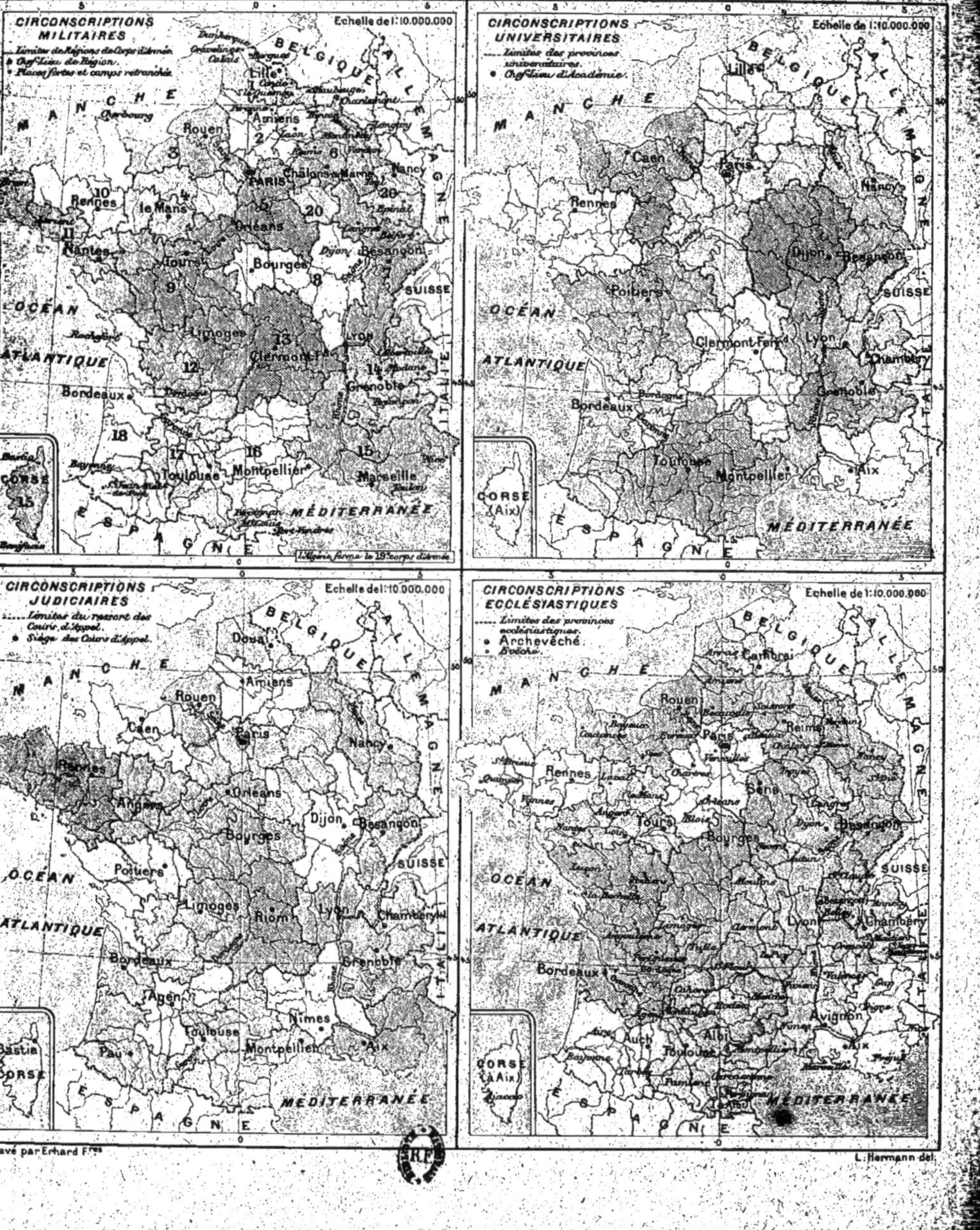
CIRCONSCRIPTIONS MILITAIRES
Echelle de 1:10.000.000
Limite de Régions de Corps d'Armée
Chef-Lieu de Région
Places fortes et camps retranchés
CIRCONSCRIPTIONS UNIVERSITAIRES
Echelle de 1:10.000.000
Limites des provinces universitaires
Chef-Lieu d'Académie
CIRCONSCRIPTIONS JUDICIAIRES
Echelle de 1:10.000.000
Limites du ressort des Cours d'Appel
Siège des Cours d'Appel
CIRCONSCRIPTIONS ECCLÉSIASTIQUES
Echelle de 1:10.000.000
Limites des provinces ecclésiastiques
Archevêché
Évêché
MANCHE
OCÉAN ATLANTIQUE
MÉDITERRANÉE
BELGIQUE
ALLEMAGNE
SUISSE
ITALIE
ESPAGNE
CORSE
Cherbourg
Lille
Amiens
Rouen
PARIS
Châlons-sur-Marne
Nancy
Rennes
le Mans
Orléans
Nantes
Tours
Bourges
Dijon
Besançon
Limoges
Lyon
Clermont-Ferrand
Grenoble
Bordeaux
Toulouse
Montpellier
Marseille
Caen
Poitiers
Chambéry
Aix
Douai
Angers
Riom
Agen
Pau
Nîmes
Bastia
Cambrai
Reims
Sens
Blois
Auch
Albi
Avignon
Bayonne
L'Algérie forme le 19e corps d'armée

Gravé par Erhard F.res
RF
L. Hermann del.

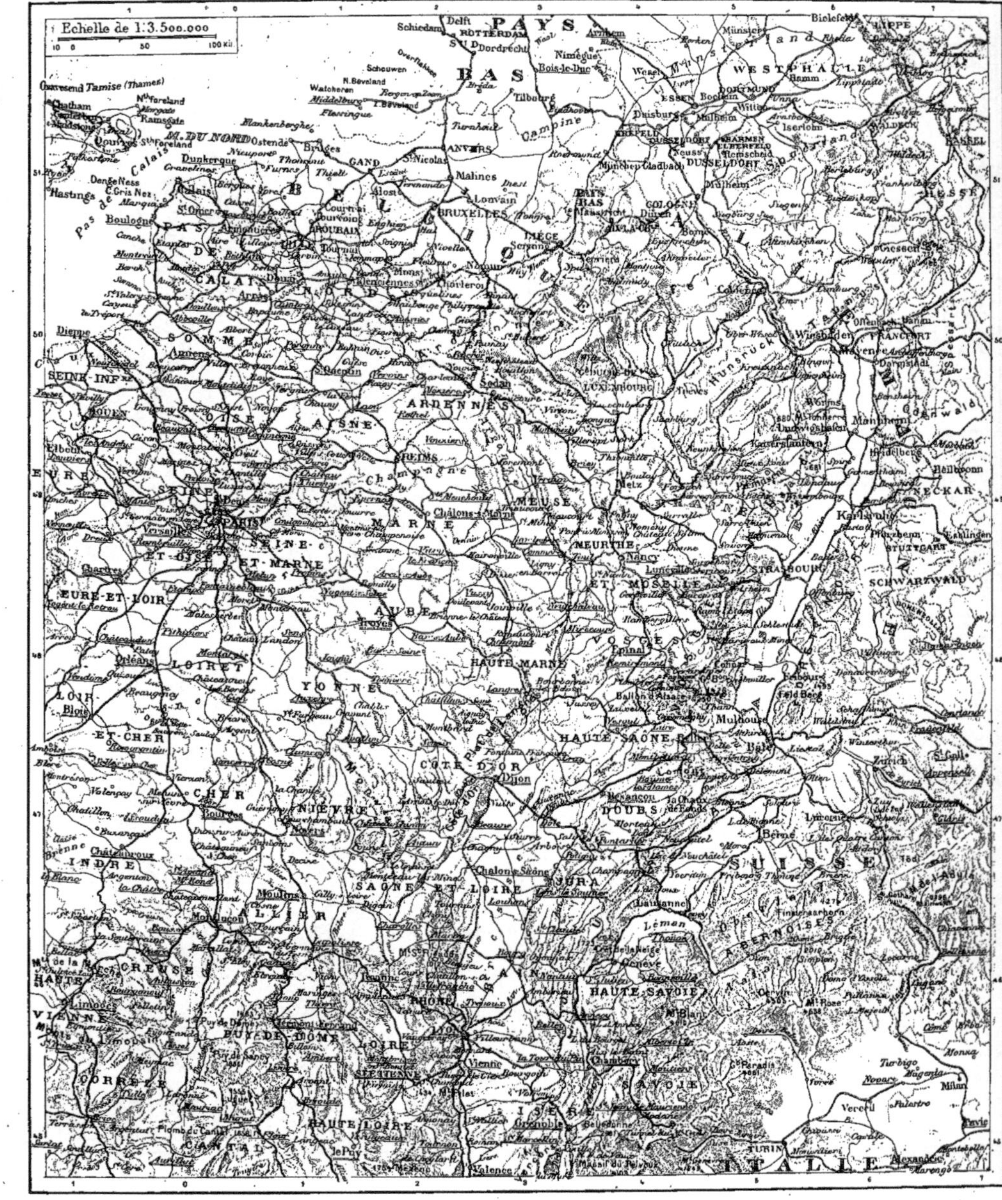
Echelle de 1:3.500.000
10 5 50 100 Kil.
PAYS BAS
WESTPHALIE
HESSE
M. DU NORD
CALAIS
PAS DE CALAIS
NORD
BELGIQUE
BRUXELLES
ANVERS
GAND
LIÈGE
LUXEMBOURG
DUSSELDORF
COLOGNE
FRANCFORT
SCHWARZWALD
NECKAR
STUTTGART
STRASBOURG
SOMME
SEINE-INF
EURE
OISE
AISNE
ARDENNES
REIMS
Champagne
MARNE
MEUSE
NEURTHE
ET MOSELLE
PARIS
SEINE
SEINE-ET-MARNE
ET-OISE
EURE-ET-LOIR
AUBE
HAUTE-MARNE
VOSGES
Épinal
LOIRET
YONNE
CÔTE-D'OR
Dijon
HAUTE-SAONE
Mulhouse
LOIR-ET-CHER
Blois
CHER
NIÈVRE
DOUBS
Besançon
SUISSE
INDRE
ALLIER
SAONE-ET-LOIRE
JURA
Lyon
Genève
Léman
CREUSE
HAUTE-VIENNE
PUY-DE-DOME
LOIRE
RHONE
HAUTE-SAVOIE
Mt Blanc
CORRÈZE
CANTAL
HAUTE-LOIRE
Grenoble
SAVOIE
ISÈRE
Valence
ITALIE
Turin

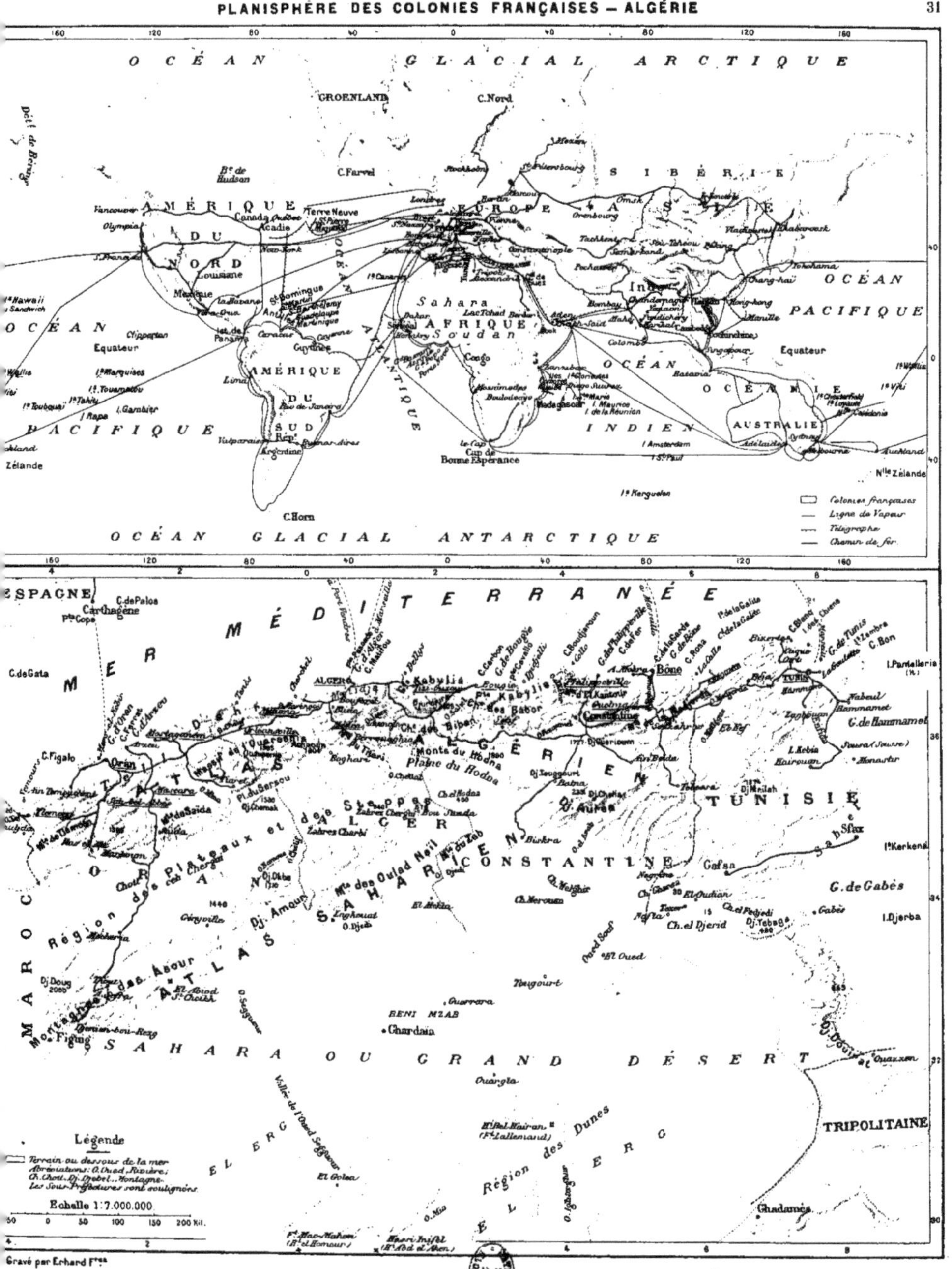
OCÉAN GLACIAL ARCTIQUE
GROENLAND
C. Nord
C. Farvel
SIBÉRIE
AMÉRIQUE DU NORD
EUROPE
ASIE
Vancouver
Canada
Acadie
Terre Neuve
New-York
Louisiane
Mexique
La Havane
OCÉAN PACIFIQUE
Sahara
AFRIQUE
Soudan
Congo
OCÉAN ATLANTIQUE
AMÉRIQUE DU SUD
Rio de Janeiro
Valparaiso
Buenos-Aires
Argentine
Le Cap
Cap de Bonne Espérance
OCÉAN INDIEN
Équateur
OCÉANIE
AUSTRALIE
Melbourne
Sydney
Nlle Zélande
OCÉAN GLACIAL ANTARCTIQUE
Ife Kerguelen
C. Horn
Colonies françaises
Ligne de Vapeur
Télégraphe
Chemin de fer
ESPAGNE
MER MÉDITERRANÉE
C. de Gata
C. de Palos
Carthagène
MAROC
Oran
ALGER
Kabylie
Bougie
Bône
TUNIS
TUNISIE
Constantine
ALGÉRIEN
ATLAS SAHARIEN
Plaine du Hodna
Steppes
CONSTANTINE
Biskra
G. de Gabès
I. Djerba
Sfax
Touggourt
BENI MZAB
Ghardaïa
Ouargla
SAHARA OU GRAND DÉSERT
TRIPOLITAINE
EL ERG
Région des Dunes
EL ERG
El Golea
Ghadamès
Légende
Terrain au dessous de la mer
Abréviations: O. Oued, Rivière;
Ch. Chott. Dj. Djebel, Montagne.
Les Sous-Préfectures sont soulignées.
Échelle 1:7.000.000
Gravé par Erhard Frres

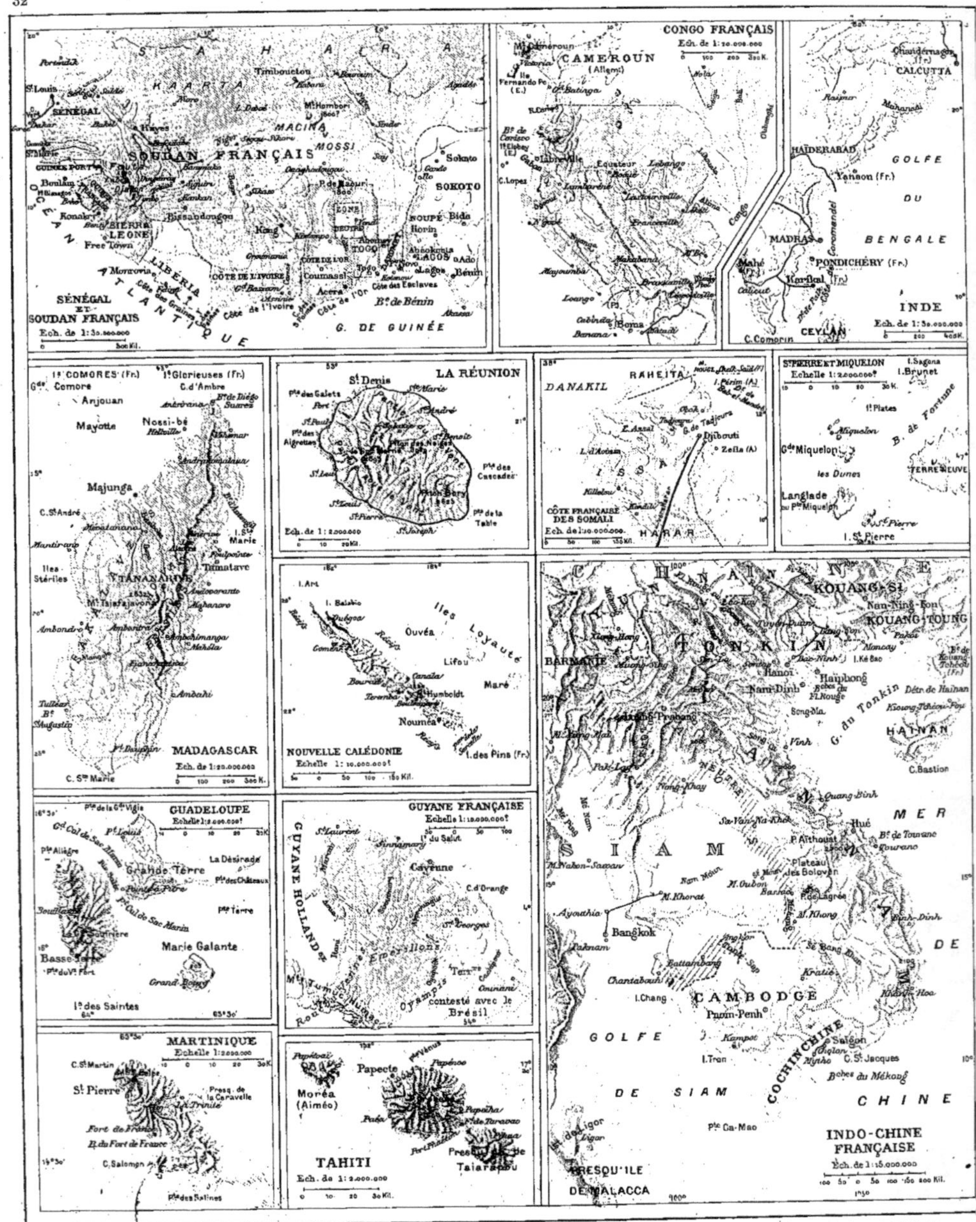
COLONIES FRANÇAISES
SÉNÉGAL ET SOUDAN FRANÇAIS
Ech. de 1:30.000.000
CONGO FRANÇAIS
CAMEROUN (Allem.)
Ech. de 1:20.000.000
INDE
Ech. de 1:30.000.000
CALCUTTA
HAIDERABAD
MADRAS
PONDICHÉRY (Fr.)
GOLFE DU BENGALE
CEYLAN
COMORES (Fr.)
Iles Glorieuses (Fr.)
MADAGASCAR
Ech. de 1:20.000.000
LA RÉUNION
Ech. de 1:2.000.000
DANAKIL
CÔTE FRANÇAISE DES SOMALI
Ech. de 1:10.000.000
HARAR
St PIERRE ET MIQUELON
Echelle 1:2.000.000
TERRE-NEUVE
NOUVELLE CALÉDONIE
Echelle 1:10.000.000
TONKIN
KOUANG-SI
KOUANG-TOUNG
HAINAN
GUADELOUPE
Echelle 1:2.000.000
GUYANE FRANÇAISE
Echelle 1:12.000.000
SIAM
CAMBODGE
COCHINCHINE
CHINE
GOLFE DE SIAM
MARTINIQUE
Echelle 1:2.000.000
TAHITI
Ech. de 1:2.000.000
INDO-CHINE FRANÇAISE
Ech. de 1:15.000.000
PRESQU'ILE DE MALACCA

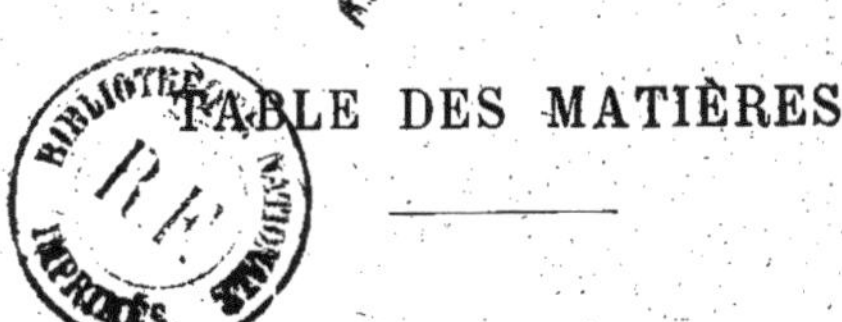TABLE DES MATIÈRES